Despertar del tercer ojo

Una guía esencial para abrir el chakra del tercer ojo, experimentar una conciencia superior, visiones psíquicas y clarividencia y consejos para equilibrar los chakras

© Copyright 2020

Todos los derechos reservados. Ninguna parte de este libro puede ser reproducida de ninguna forma sin el permiso escrito del autor. Los revisores pueden citar breves pasajes en las reseñas.

Descargo de responsabilidad: Ninguna parte de esta publicación puede ser reproducida o transmitida de ninguna forma o por ningún medio, mecánico o electrónico, incluyendo fotocopias o grabaciones, o por ningún sistema de almacenamiento y recuperación de información, o transmitida por correo electrónico sin permiso escrito del editor.

Si bien se ha hecho todo lo posible por verificar la información proporcionada en esta publicación, ni el autor ni el editor asumen responsabilidad alguna por los errores, omisiones o interpretaciones contrarias al tema aquí tratado.

Este libro es solo para fines de entretenimiento. Las opiniones expresadas son únicamente las del autor y no deben tomarse como instrucciones u órdenes de expertos. El lector es responsable de sus propias acciones.

La adhesión a todas las leyes y regulaciones aplicables, incluyendo las leyes internacionales, federales, estatales y locales que rigen la concesión de licencias profesionales, las prácticas comerciales, la publicidad y todos los demás aspectos de la realización de negocios en los EE. UU., Canadá, Reino Unido o cualquier otra jurisdicción es responsabilidad exclusiva del comprador o del lector.

Ni el autor ni el editor asumen responsabilidad alguna en nombre del comprador o lector de estos materiales. Cualquier desaire percibido de cualquier individuo u organización es puramente involuntario.

Tabla de contenido

INTRODUCCIÓN 1
CAPÍTULO UNO: COMPRENSIÓN DEL CHAKRA DEL TERCER OJO 7
CAPÍTULO DOS: LA GLÁNDULA PINEAL: LA CIENCIA DETRÁS DEL CHAKRA DEL TERCER OJO 16
CAPÍTULO TRES: ESTABLECIENDO EL TRABAJO DE BASE: EJERCICIOS PARA ABRIR EL TERCER OJO...27
CAPÍTULO CUATRO: MEDITACIÓN: LA PIEDRA ANGULAR DEL DESPERTAR DEL TERCER OJO 43
CAPÍTULO CINCO: EL CHAKRA DEL TERCER OJO Y LA VIDA COTIDIANA: CÓMO NUTRIR EL TERCER OJO 52
CAPÍTULO SEIS: EQUILIBRANDO LOS SIETE CHAKRAS 64
CAPÍTULO SIETE: CÓMO LEER LAS AURAS..75
CAPÍTULO OCHO: VISIONES PSÍQUICAS Y CLARIVIDENCIA 89
CAPÍTULO NUEVE: CONSEJOS Y RECOMENDACIONES GENERALES 97
CAPÍTULO DIEZ: PONIENDO TODO JUNTO 107
CONCLUSIÓN..116
REFERENCIAS..118

Introducción

Hay una mina de oro sin explotar que existe dentro de todos y cada uno de nosotros, un tremendo tesoro que desafía la imaginación. Aquellos que eligen aprovecharlo experimentan una asombrosa transformación de por vida. Esta clase única de personas llega a darse cuenta de que la profunda sabiduría, el bienestar mental y emocional, y la felicidad duradera no son alcanzables a través del mundo exterior, sino a través de una fuerza interna que reside dentro de nosotros. Esta es la fuerza de los centros de energía conocidos como chakras y, específicamente, el chakra del tercer ojo.

Para liberar esta energía interna, debemos despertar y potenciar el chakra del tercer ojo, también llamado "el ojo de la sabiduría", el "ojo de la mente" o el "ojo interno". En la mayoría de las personas, el tercer ojo está inactivo y permanece inactivo durante toda su vida a menos que voluntariamente tome medidas para abrirlo.

Una vez que haya aprendido a despertar su tercer ojo, se dará cuenta de que ha estado pasando por la vida medio ciego. Verá y experimentará la vida a través de una perspectiva radicalmente diferente.

Esto no es de ninguna manera un nuevo descubrimiento, aunque es relativamente nuevo para la cultura occidental, que sigue considerando las prácticas espirituales con mucho escepticismo. Pero hace siglos, el concepto del despertar del tercer ojo ya se practicaba en numerosas civilizaciones de todo el mundo. Aprovechar los poderes del chakra del tercer ojo era el objetivo de muchas prácticas espirituales en las antiguas tradiciones egipcias, mayas e hindúes, así como en el budismo, el hinduismo y el taoísmo.

Lamentablemente, este concepto, junto con la espiritualidad en general, nunca ha ganado una gran popularidad en Occidente. Tendemos a ser escépticos de lo místico y lo intangible, condicionados como estamos a aceptar solo lo que la ciencia nos dice sobre el mundo físico. Lo invisible es relegado como "irreal". Y, sin embargo, la gravedad es una fuerza invisible que literalmente mantiene el universo unido y evita que la tierra se precipite por el espacio. La ciencia ha demostrado esto sin duda alguna. La electricidad es una fuerza invisible que ha revolucionado el mundo moderno.

De la misma manera, los chakras son centros energéticos invisibles en nuestro cuerpo que regulan muchas de nuestras funciones físicas y mentales. Si se aprovecha su poder, puede armonizar y equilibrar nuestros cuerpos y mentes.

¿Por qué deberíamos despertar nuestro chakra del tercer ojo?

Despertar el chakra del tercer ojo o alcanzar la iluminación ha sido por mucho tiempo la búsqueda de muchas escuelas espirituales. Podríamos argumentar que es más relevante hoy en día que nunca antes. Tómese un momento para reflexionar sobre su vida: ¿está realmente feliz y realizado? ¿Está en paz consigo mismo? ¿Usted siente que está viviendo de acuerdo a su mejor y más alto propósito?

Nueve de cada diez veces, la respuesta es no. Es irónico que tengamos innumerables comodidades y lujos al alcance de la mano, y, sin embargo, nuestras vidas parecen ser más agitadas y complicadas. Todas las asombrosas tecnologías y aparatos diseñados para hacer nuestras vidas más fáciles son geniales, así que, ¿por qué tantos de nosotros estamos tan estresados y agotados? Estamos bajo constante presión para competir, para ser "súper" padres, grandes parejas y cónyuges, personas con carreras exitosas y de alto rendimiento. Creemos que cuando hayamos alcanzado estos objetivos, seremos felices.

Irónicamente, nuestro estilo de vida moderno nos crea más preocupación y ansiedad. Nos preocupamos por el futuro, nos preocupamos por nuestras finanzas, y tememos perder nuestros trabajos o posesiones y la lista continúa. El estrés se ha convertido en la norma en nuestra cultura materialista loca y consumista.

Aquí es donde el despertar del chakra del tercer ojo puede cambiar su vida: le permitirá crear un refugio de calma dentro de sí mismo donde la locura del mundo exterior nunca pueda alcanzarle. Ganará la sabiduría para entender que la carrera de ratas sin sentido no es su verdadera vocación. Usted ganará más claridad, conocimiento, y se centrará en lo que es realmente significativo, y comenzará a comportarse en consecuencia. En resumen, ¡se convertirá en su mejor yo posible!

¿Qué es exactamente el tercer ojo? Se ha descrito como una puerta de entrada a los reinos no físicos de la conciencia interior, la sabiduría interior y los dones espirituales. En la antigua tradición india se le llamaba "el ojo del conocimiento". No se trata de un conocimiento obtenido de la experiencia y el aprendizaje en el mundo físico. Puede describirse mejor como un despertar de la propia perspicacia e intuición que trae la sabiduría divina y desata asombrosas habilidades psíquicas.

Despertar el chakra del tercer ojo no es una falsa teoría mística. No es una filosofía abstracta. Hay pasos muy reales y concretos que puede tomar para nutrir y revivir este centro de energía que ha permanecido inactivo dentro de usted durante años. De hecho, muchos de nosotros experimentamos cortos estallidos de despertar del tercer ojo sin darnos cuenta de lo que son. Es esa sensación visceral que se tiene sobre alguien o algo que resulta ser 100% correcta. Es esa sensación de déjà vu en la que usted piensa, "He tenido esta misma conversación con esta misma persona antes, pero acabamos de conocernos. ¿Cómo es posible?". Podría ser un sueño sobre alguien con quien no ha hablado en años, y unos días después, esa persona le llama.

Todos hemos tenido esas experiencias en las que el tercer ojo se abre por un momento, y luego se cierra de nuevo. Estas experiencias son una muestra de lo que puede esperarse que se experimente cuando se despierta completamente y se alinea el chakra del tercer ojo.

¿Qué es lo que ofrece este libro?

Este libro le mostrará cómo comenzar su viaje hacia la paz interior y la conciencia superior abriendo su chakra del tercer ojo. Si usted es un completo principiante que elige despertar su ojo interno, o tiene alguna experiencia en la espiritualidad, pero quiere aprender más, o simplemente es curioso, este libro le dará algunos buenos aportes.

Lo que este libro *no hará* es ahondar en confusas teorías espirituales o perder el tiempo con tópicos vacíos. Esta es una guía comprensiva llena de técnicas prácticas, ejercicios y consejos para el despertar de su chakra del tercer ojo. Lo preparará para qué esperar, cómo entender los mensajes de su tercer ojo, y cómo cultivar los dones de la lectura del aura, las visiones psíquicas y la clarividencia. Este libro también ofrece consejos prácticos sobre cómo hacer que estas prácticas formen parte de su vida cotidiana, así como algunas precauciones que debe tener en cuenta o sobre las que puede necesitar asesoramiento.

El objetivo es ayudarlo a descubrir sus extraordinarios dones, incluyendo cómo hacerlo:

- Acceder y despertar su chakra del tercer ojo.
- Alimentar y equilibrar su tercer ojo una vez que se abre.
- Mejorar su intuición y perspicacia.
- Aprovechar las habilidades psíquicas que nunca imaginó tener, incluyendo la clarividencia y la lectura del aura.

- Vivir con atención.
- Alcanzar el equilibrio emocional y conquistar las emociones negativas.
- Desarrollar relaciones más profundas con los demás, ¡y consigo mismo!
- Convertirse en una persona de mente abierta y tolerante.
- Reducir el estrés y la ansiedad.
- Deshacerse de la energía negativa y aumentar los niveles de energía.
- Aumentar su concentración y desarrollar un propósito.

¿Qué es lo que usted ganará?

Despertar el chakra del tercer ojo le permite acceder a niveles de pensamiento y conciencia fuera de los cinco sentidos. Usted desarrollará su "sexto sentido", de una manera que le permitirá experimentar otros reinos de su conciencia que han sido ignorados. La riqueza de la sabiduría que existe en este reino no solo enriquecerá su vida, sino que la transformará.

¿Suena demasiado disparatado? Bueno, la física cuántica nos dice que existen otros reinos o "dimensiones". Esto es lo que descubrieron las antiguas tradiciones, ahora confirmadas por la ciencia moderna, y, con suerte, ¡lo que usted mismo experimentará!

¿Qué más puede ganar desarrollando este sexto sentido? Para enumerar todos los beneficios se requiere un libro entero en sí mismo. Basta con decir que su vida, y su perspectiva de la vida, cambiará para siempre. Usted tendrá un vistazo de cómo esto ocurrirá a medida que continúe leyendo este libro.

Finalmente, este es un libro sobre la espiritualidad "accionable" y las técnicas aplicables (con la ciencia y la investigación para respaldarlas). Básicamente, el despertar del chakra del tercer ojo es una habilidad que puede ser aprendida, desarrollada y dominada. La diferencia es que la forma de dominar esta habilidad es principalmente a través de métodos espirituales. La meditación, la visualización y las técnicas de conciencia jugarán un papel importante en su entrenamiento.

Si usted piensa que el desarrollo de todas estas maravillosas cualidades requiere un esfuerzo sobrehumano o habilidades especiales, prepárese para ser sorprendido. Cualquiera puede aprender a despertar su chakra del tercer ojo, incluso los niños, si se les entrena para hacerlo en una etapa temprana de la vida. De hecho, si tiene hijos, puede considerar hacer precisamente eso. Muchas de las técnicas discutidas aquí pueden ser simplificadas para adaptarse a un niño. Despertar el chakra del tercer ojo no requiere nada más que compromiso y práctica de su parte. Este libro lo guiará a través del resto. Ahora, ¡comencemos el viaje!

Capítulo uno: Comprensión del chakra del tercer ojo

Tiene sentido que antes de saltar al trabajo práctico, usted debe armarse con algún conocimiento básico sobre el chakra del tercer ojo y lo que implica el despertar. Este capítulo le proporcionará una visión general del chakra del tercer ojo y los conocimientos básicos que necesita saber antes de comenzar este viaje de cambio de vida.

¿Qué son los chakras?

Chakra es la palabra sánscrita para "rueda", a veces también se traduce como "rueda de la luz". Por eso, en la mayoría de los diagramas y dibujos, verá los chakras representados como círculos de color o discos giratorios. En las tradiciones antiguas, se pensaba que estos vórtices de energía no físicos eran la fuente de la energía vital.

Los chakras son esencialmente los centros de energía de nuestro cuerpo. Su función es distribuir el prana (energía vital o energía cósmica) en un flujo constante para equilibrar y armonizar la mente, el cuerpo y el espíritu para una salud y un bienestar óptimos. El sistema de chakras distribuye esta energía cósmica a varias áreas de nuestro cuerpo a través de vías llamadas meridianos.

Orígenes del sistema de chakras

La primera mención registrada del sistema de chakras se encuentra en los Vedas, una colección de antiguos textos indios, escritos en algún lugar alrededor del 1500-500 a. C. El sistema de chakras está estrechamente interconectado con la práctica del yoga.

La primera descripción práctica de cómo activar y equilibrar los chakras fue escrita en el siglo XVI por Swami Purananda. El sexto capítulo de su libro *Shri-Tattva-Chintamani* describe el sistema de chakras, las funciones y asociaciones de cada chakra y cómo equilibrarlos y alinearlos. Esta obra fue traducida y publicada en 1919 bajo el título *El poder de la serpiente* por Arthur Avalon. Esta es una lectura bastante simple e informativa para cualquiera que busque un conocimiento más profundo sobre el sistema de chakras.

Los siete chakras

Hay siete chakras principales que recorren el cuerpo a lo largo de la columna vertebral, cada uno de ellos con un color y función diferentes. Cada chakra vibra a un nivel de energía específico y por eso se asocian con ciertos colores o notas musicales que resuenan mejor con cada chakra para aumentar su energía. Cada chakra también está asociado con una glándula específica. El siguiente cuadro proporciona un desglose básico:

CHAKRA	UBICACIÓN	COLOR	GLÁNDULA RELACIONADA	FUNCIÓN
Chakra Raíz	La base de la columna vertebral	Rojo	Gónadas	Sentido del olfato, vitalidad, dinero y comida
Chakra Sacro	Debajo del ombligo	Naranja	Sistema linfático	Reproducción, sexualidad, deseo, alegría
Chakra del Plexo Solar	El abdomen superior	Amarillo	Glándulas suprarrenales	El éxito profesional y el progreso personal
Chakra del corazón	Centro del pecho	Verde	Timo	Relaciones
Chakra de la garganta	Garganta	Azul	Tiroides	Comunicación, empatía
Chakra del tercer ojo	La frente entre las cejas	Índigo	Pineal	La intuición, la conciencia superior
Chakra de la Corona	La parte superior de la cabeza	Violeta	Pituitaria	Mayor conciencia, trascendencia

Los siete chakras son responsables de regular los circuitos de energía que fluyen a través y alrededor del cuerpo. La glándula asociada a cada chakra está a su vez relacionada con un órgano u órganos específicos. Cuando experimentamos problemas de salud o problemas emocionales, la causa más probable es que el chakra relacionado con ese órgano esté bloqueado o desequilibrado. El desbloqueo del chakra relacionado creará un flujo sostenido y armonioso hacia los órganos afectados y promoverá la curación.

CHAKRA	ÓRGANOS RELACIONADOS
Chakra Raíz	Riñones, columna vertebral, testículos
Chakra Sacro	Vejiga, próstata, ovarios, bazo, vesícula biliar, riñones
Chakra del Plexo Solar	La parte superior de la columna vertebral, estómago, vejiga, intestinos, páncreas, hígado
Chakra del corazón	Pulmones, corazón
Chakra de la garganta	Cuerdas vocales, bronquios, tracto respiratorio, esófago, boca y lengua
Chakra del tercer ojo	Ojos, cerebro, pituitaria y glándulas pineales
Chakra de la Corona	Tallo cerebral y médula espinal completa

Discutiremos las funciones de cada chakra con más detalle, así como la forma de equilibrar todo el sistema de chakras en un capítulo posterior.

Una visión general del chakra del tercer ojo

El chakra del tercer ojo se encuentra en el centro de la frente entre las cejas. Probablemente han visto dibujos o estatuas de antiguas deidades hindúes como Shiva y Buda con el tercer ojo representado en esta zona.

El significado exacto y la función del tercer ojo difiere ligeramente dentro de las tradiciones antiguas, pero todas las filosofías principales reconocieron su importancia como fuente suprema de conocimiento e iluminación.

El tercer ojo en el budismo

Los budistas definen el tercer ojo como "el ojo de la conciencia". Se anima a los seguidores a trabajar en el despertar del tercer ojo para ver el mundo a través de la conciencia más profunda de la mente, en lugar de a través de la visión y la experiencia física.

El Tercer Ojo en el taoísmo

Varias escuelas de la filosofía china, así como la Escuela Zen japonesa, creen que el despertar del tercer ojo permite sintonizar con la vibración del cosmos. Esto le permite a uno obtener una mayor sabiduría, un profundo conocimiento interior, y la capacidad de vivir en armonía con todas las cosas.

El Tercer Ojo en el hinduismo

Shiva, el más importante de los dioses hindúes, siempre es representado con el tercer ojo en el medio de su frente. Simboliza su gran sabiduría y habilidad para ver más allá del reino físico. He aquí un hecho divertido: Shiva también es llamado "Shiva el destructor". Se cree que su tercer ojo es tan poderoso que cuando lo abre, se destruye toda la dualidad e ilusión del universo.

El Tercer Ojo en el Antiguo Egipto

El tercer ojo era conocido por los antiguos egipcios y reconocido por sus propiedades místicas. Está representado en los antiguos textos egipcios como "el ojo de Horus". Estas representaciones del tercer ojo del antiguo Egipto se asemejaban más a la glándula pineal. Curiosamente, la glándula pineal está estrechamente relacionada con el chakra del tercer ojo y algunos creen que es el tercer ojo en sí mismo. Curiosamente, la investigación científica puede ser capaz de confirmar esto en un futuro próximo.

Datos básicos sobre el chakra del tercer ojo

- Se asocia con el color índigo, que tradicionalmente se cree que es el color de la sabiduría. El índigo también se asocia con la noche, cuando muchos de nuestros sentidos se vuelven más agudos y precisos. Es por eso que el chakra del tercer ojo también está relacionado con la percepción sensorial. Al abrir el tercer ojo, se experimenta una mayor agudeza auditiva, visual y olfativa. Usted aprenderá a utilizar el color índigo y sus derivados de diversas maneras para elevar la vibración de su chakra del tercer ojo. Comenzará a experimentar momentos de profunda perspicacia y claridad.

- En la escala musical, se cree que el chakra del tercer ojo resuena con la nota A.
- Está asociado con el metal plateado y el planeta Júpiter.
- Está asociado con la apertura de la mente a una conciencia superior, el desarrollo espiritual, la intuición profunda y las habilidades psíquicas.
- En el nivel físico, se asocia con el ritmo circadiano, que regula el ciclo sueño-vigilia.
- Está ligado a la glándula pineal, y cualquier desequilibrio de esta glándula afectará directamente a la salud del tercer ojo (analizaremos la importancia de esta misteriosa glándula en el próximo capítulo).
- El chakra del tercer ojo también determina cómo " ve" o percibe el mundo y las personas en su vida, y cómo reacciona al cambio.

¿Por qué equilibrar el chakra del tercer ojo?

Equilibrar el chakra del tercer ojo significa simplemente abrir las obstrucciones o "bloqueos" para permitir la circulación de la energía del chakra por todo el cuerpo.

Cuando el chakra del tercer ojo está óptimamente equilibrado, usted experimentará una sensación de calma y tranquilidad. Usted ganará una sensación de abundancia y gratitud por todo lo que tiene. Se sentirá más ligero, tanto física como mentalmente, y más en armonía con el mundo. En un nivel más profundo, a medida que su tercer ojo se expande, también comenzará a experimentar visiones de lo que se encuentra más allá del reino físico.

Las principales causas de los bloqueos en el chakra del tercer ojo son nuestras ilusiones y percepciones erróneas sobre nosotros mismos y el mundo que nos rodea. Esto bloquea la intuición y la guía interna que nos permite ver a través de estas ilusiones y conceptos erróneos.

Síntomas de un bloqueo del chakra del tercer ojo

Hay ciertos signos y síntomas que pueden ayudarle a reconocer cuando su chakra del tercer ojo está bloqueado o desequilibrado, lo cual es muy probable. Si usted reconoce tres o más de estos signos en sí mismo, entonces es hora de empezar a trabajar en su chakra del tercer ojo:

- Falta de motivación.
- Dificultad para sentirse inspirado o creativo.
- Sentirse cínico y escéptico e incapaz de ver el propósito o el significado de la vida.
- Visión o memoria deficiente.
- Obstinación y rigidez en el pensamiento, a veces incluso intolerancia.
- Miedo y desconfianza en su intuición.
- Falta de perspicacia.
- Dificultad para tomar decisiones.
- Dificultad para establecer objetivos.
- Miedo a expresar emociones.
- Tendencia a pensar demasiado.
- Miedo al futuro e incapacidad para ver el futuro o planificarlo.

Es fácil ver cómo todos estos síntomas están de hecho relacionados con ilusiones, conceptos erróneos y miedos irracionales. Despertar el chakra del tercer ojo le dará la claridad y el propósito de superar sus ilusiones.

Qué esperar cuando se abre el chakra del tercer ojo

El despertar del chakra del tercer ojo puede provocar muchos cambios, que pueden diferir de una persona a otra, dependiendo de la gravedad de la obstrucción. No existe un punto de referencia específico con el que medir su progreso; usted se conoce mejor a sí mismo y, por lo tanto, podrá sentir y ver estos cambios cuando se produzcan.

Dicho esto, los cambios más comunes son la paz y la tranquilidad interior, una mayor empatía con los demás, un sentido de propósito y la armonía con el universo. Los cambios más dramáticos incluyen habilidades psíquicas o dones espirituales.

Precauciones a tener en mente

Aunque esto es raro, es posible que el chakra del tercer ojo se sobreestimule. Si esto ocurre, puede ser fácilmente puesto en equilibrio. Es útil poder reconocer algunos de los signos y síntomas relacionados con un chakra del tercer ojo sobreestimulado: su percepción puede aumentar demasiado, de modo que percibe las cosas de manera inflada o exagerada.

Los colores tranquilizantes de la lavanda, el púrpura y el lila son excelentes para equilibrar un chakra del tercer ojo demasiado activo. Esto se puede hacer a través del uso de cristales, un péndulo del chakra, o usando joyas con piedras de estos colores. Incluso un baño relajante con unas pocas gotas de aceite esencial de lavanda puede ayudar a restaurar el equilibrio. Meditar sobre el color púrpura es otra gran técnica.

Cuando su tercer ojo comience a abrirse, es probable que tenga algunas experiencias psíquicas. Es importante que usted no se obsesione con estas experiencias o espere que ocurran todo el tiempo. Las experiencias psíquicas no son la norma, ni deben ser su objetivo final.

Aprenda a aceptar las experiencias psíquicas y a abrazarlas cuando ocurren, pero no se obsesione con ellas cuando no ocurran.

Conclusión

Esperemos que este capítulo le haya dado una base sobre el sistema de chakras y las funciones del chakra del tercer ojo.

No es difícil entender por qué es importante despertar y equilibrar este chakra para mejorar el equilibrio y la armonía en su vida, para estar en sintonía con su interior y para mejorar su bienestar general.

En sánscrito, el chakra del tercer ojo también se llama "Ajna", que significa "percibir" o "más allá de la sabiduría". Liberar la energía de este chakra no solo nos ayuda a percibir nuestras vidas más claramente y sin ilusión, sino a acceder a reinos más allá de este mundo que de hecho nos llevarán más allá de la propia sabiduría.

Capítulo dos: La glándula pineal: La ciencia detrás del chakra del tercer ojo

Desde la prehistoria, casi todas las tradiciones religiosas han sido conscientes del tercer ojo. A menudo se representa en imágenes y escritos, a veces en forma de piña, para simbolizar la glándula pineal.

Ninguna discusión sobre el chakra del tercer ojo puede ser verdaderamente significativa sin ilustrar su relación con la glándula pineal. La glándula pineal es la glándula directamente asociada con el chakra del tercer ojo, pero a diferencia de los otros chakras, la interdependencia aquí es más pronunciada y, de hecho, algo inquietante.

Para comprender plenamente cómo despertar y nutrir el chakra del tercer ojo, debemos entender esta conexión vital y misteriosa. La salud óptima del chakra del tercer ojo está directamente relacionada con el funcionamiento óptimo de su correspondiente glándula y viceversa.

Es importante señalar que mientras que los chakras son centros invisibles de energía, sus correspondientes órganos y glándulas son físicos y tangibles. Por lo tanto, los problemas con una glándula en particular pueden causar bloqueos en el chakra correspondiente. Esto es especialmente cierto en la relación entre el chakra del tercer ojo y la glándula pineal.

¿Qué es la glándula pineal?

La glándula pineal ha permanecido como un enigma y ha sido objeto de controversia durante años. En la antigüedad, era considerada como "una glándula misteriosa", y abundaban las teorías sobre sus poderes místicos. Por esta razón, a veces se la llamaba "el ojo de la pineal".

La glándula pineal es una pequeña glándula gris rojiza con forma de piña, de la que deriva su nombre. Fue representada por primera vez como el símbolo de una piña por los sumerios. Este símbolo de la piña puede verse en el arte de muchas culturas antiguas, lo que sugiere que tenía una gran importancia.

La glándula pineal mide aproximadamente un tercio de pulgada de largo y pertenece al sistema endocrino (el sistema de glándulas productoras de hormonas necesarias para varias funciones corporales). Está situada en el mesencéfalo; está incrustada en la hendidura entre los hemisferios izquierdo y derecho.

Durante mucho tiempo, la glándula pineal fue considerada como un órgano vestigial sin importancia que no merecía ser investigado en profundidad. Incluso hoy en día, la ciencia no ha descubierto plenamente todas sus funciones, pero lo que se sabe hasta ahora significa su importancia vital en la regulación de varias funciones corporales.

La función de la glándula pineal

- Su principal función es la producción de la hormona melatonina. La melatonina regula el ritmo circadiano del cuerpo (ciclo sueño-vigilia).
- La melatonina promueve el desarrollo sexual en ambos sexos.
- Induce el sueño.

- Conecta el sistema nervioso con el sistema endocrino convirtiendo las señales neurales en secreción hormonal.
- Ayuda a regular las funciones del sistema inmunológico.
- La melatonina regula el estado de ánimo y nos ayuda a adaptarnos a los cambios. Juega un papel importante en nuestra felicidad y satisfacción.
- Interactúa con muchos otros órganos, así como con la sangre.
- Los estudios indican que la melatonina secretada por la glándula pineal puede afectar a la salud cardiovascular y a la presión sanguínea, pero se necesita más investigación.
- Otros estudios indican que la glándula pineal puede desempeñar un papel en la regulación de las hormonas femeninas y podría estar vinculada a los ciclos menstruales irregulares y la fertilidad. Una vez más, se necesitan más investigaciones para confirmar esto.

La glándula pineal y el tercer ojo

La glándula pineal a veces era considerada como el tercer ojo en sí mismo, tal vez debido a su ubicación en lo profundo del centro del cerebro.

El filósofo francés René Descartes estaba tan fascinado con la enigmática glándula pineal que escribió extensamente sobre ella, llamándola "el asiento del alma" y el área donde se forman todos los pensamientos. La glándula también era conocida por los antiguos griegos, que compartían la opinión de Descartes de que era el centro del pensamiento.

Aunque estas opiniones han sido completamente descartadas por la ciencia, sorprendentemente, investigaciones recientes pueden confirmar que Descartes y los griegos tenían razón. Un estudio revolucionario ha reportado una conexión entre la glándula pineal y un compuesto llamado dimetiltriptamina (DMT). Esta sustancia se encuentra de forma natural en muchos tipos de plantas y tiene propiedades psicodélicas. Se sabe que causa visiones psíquicas y percepciones profundamente elevadas y vívidas.

El psiquiatra clínico Dr. Rick Strassman ha hecho una extensa investigación sobre el DMT, después de haber sido comisionado por el gobierno de los Estados Unidos para hacer una investigación sobre drogas psicodélicas.

Durante sus extensos estudios sobre sustancias psicodélicas naturales, incluyendo el DMT, el Dr. Strassman hizo el sorprendente descubrimiento de que la glándula pineal también secreta la sustancia en ciertas situaciones.

En su libro DMT: *La molécula del espíritu*, detalla todos sus descubrimientos verdaderamente innovadores. Su teoría es que la DMT secretada por la glándula pineal permite que la fuerza de la vida pase a esta vida desde otro reino (durante el nacimiento). También permite la transición de la fuerza vital de esta vida a la siguiente dimensión (al morir). Strassman afirma que el DMT es liberado en la glándula pineal durante situaciones extremadamente estresantes y traumáticas, como el nacimiento y la muerte.

Strassman describe la glándula pineal como "el intermediario entre lo físico y lo espiritual". En otras palabras, la glándula pineal tiene un propósito muy similar al chakra del tercer ojo.

No hace falta decir que el estudio del Dr. Strassman ha causado un inmenso entusiasmo y debate. Se están realizando muchos estudios para descubrir la historia completa de la pequeña y enigmática glándula pineal.

La prolongadamente ignorada glándula pineal, como el chakra del tercer ojo, puede ser la puerta de entrada a experiencias psíquicas y otros reinos. Descartes y los griegos no estaban tan lejos de la base después de todo. La glándula pineal y su chakra del tercer ojo asociado puede ser el asiento del alma.

Mientras tanto, todavía se sabe muy poco sobre la glándula pineal y su completo espectro de funciones, aparte de su secreción de melatonina. Esperemos y veamos qué más nos dicen las investigaciones en el futuro.

Diez hechos fascinantes sobre la glándula pineal

Muchas escuelas espirituales creen que la glándula pineal es el tercer ojo. Aquí hay algunos hechos que pueden confirmar esto:

1. La glándula pineal deja de crecer entre uno y dos años de edad. A partir de la pubertad, comienza a aumentar ligeramente de peso.
2. Contiene un pigmento similar al que se encuentra en los ojos.
3. Recibe su nombre del latín "pinea" que se traduce como "piña".
4. Cuando se abre, parece muy similar a un ojo.
5. Contiene receptores de luz que se cree que son responsables de la visión interna o percepción.
6. A diferencia de otras partes del cerebro, no está aislado por la barrera hematoencefálica y recibe un flujo de sangre directo y abundante. El único otro órgano del cuerpo que tiene la misma función es el riñón.
7. Parece estar relacionado con experiencias cercanas a la muerte, visiones y, cuando se estimula en exceso, con alucinaciones.
8. Muchos científicos consideran que es una especie de ojo.
9. En 1886, los anatomistas descubrieron que la glándula pineal contiene en realidad células de la retina, células pigmentarias y una respuesta directa a la luz, al igual que un ojo físico.
10. Los textos y dibujos antiguos de casi todas las culturas del mundo lo consideraban como un tercer ojo.

Calcificación de la glándula pineal

El calcio, el flúor y el fósforo pueden acumularse en la glándula pineal con el tiempo. Estos depósitos causan lo que se conoce como "calcificación". Una glándula pineal calcificada puede ser fácilmente diagnosticada con rayos X normales.

La calcificación de la glándula pineal es más probable que ocurra cuando el tercer ojo está inactivo, lo que significa que la mayoría de las personas hoy en día tienen algún grado de calcificación en la glándula pineal. El despertar y la actividad del chakra del tercer ojo mantienen la glándula pineal sana, y es la mejor manera de prevenir la calcificación.

La calcificación se produce básicamente cuando una cresta dura y sólida se acumula alrededor de la glándula pineal, bloqueando eficazmente la puerta a otros reinos. También puede causar otros problemas físicos, si se ignora. Los estudios han demostrado que una glándula pineal calcificada puede causar los siguientes síntomas y trastornos:

- Producción lenta de melatonina, que puede causar estragos en el ciclo de sueño del cuerpo y el ritmo circadiano.
- Una tiroides lenta o letárgica, que tiene su propio conjunto de problemas físicos.
- La baja producción de melatonina puede provocar cambios de humor e incluso trastornos mentales.
- Mala circulación de la sangre.
- Aumento de peso y a veces obesidad.
- Trastornos renales.
- Trastornos digestivos.
- Confusión.
- Depresión.
- Fatiga.
- Pobre sentido de la orientación.
- Desconexión espiritual.

Cómo descalcificar la glándula pineal

Es posible "curar" una glándula pineal calcificada y disolver la acumulación de calcio, flúor y fosfato que se ha ido acumulando a lo largo de los años. Los métodos que se enumeran a continuación también ayudarán a mantener y promover la salud de la glándula pineal y a evitar que vuelva a producirse la calcificación.

Usted puede o no elegir hacerse rayos X para determinar si tiene una glándula pineal calcificada; sin embargo, los métodos que se enumeran a continuación pueden seguirse con o sin un diagnóstico oficial. Incluso si no tiene calcificación, estas son excelentes medidas preventivas, ya que también tiene grandes ventajas para la salud de la glándula pineal.

Evite la ingesta excesiva de calcio. El calcio es importante para nuestra salud y para mantener unos huesos y dientes fuertes. Sin embargo, algunas personas tienden a excederse y a consumir demasiado innecesariamente.

Basta con atenerse a la ingesta diaria recomendada, que es suficiente para mantener el cuerpo en buena forma. Evite también los suplementos de calcio, ya que algunos estudios han demostrado que pueden hacer más daño que bien. Limítese a las fuentes naturales de calcio como los productos lácteos, los mariscos, las legumbres y los frutos secos.

Evite el exceso de flúor. La mayor parte de nuestra ingesta de flúor proviene del agua que fluye por los grifos, y los suministros de agua de la mayoría de las ciudades modernas contienen cantidades impactantes de este químico. Invierta en un filtro especial para eliminar el flúor del agua potable. Es dinero bien gastado. También puede beber agua alcalina o destilada.

Otra fuente de flúor es, por supuesto, la pasta de dientes. Lee las etiquetas de la pasta de dientes y opte por una marca con bajo contenido de flúor, o vaya a lo natural y alterne el cepillado con pasta de dientes y bicarbonato de sodio cada dos días.

Deshágase de los empastes dentales de mercurio. El mercurio es un metal pesado extremadamente tóxico, que, desafortunadamente, se ha usado como base para empastes dentales. Este metal pesado que descansa en un área tan cercana al cerebro puede causar estragos en la glándula pineal.

La buena noticia es que hoy en día, muchos dentistas están usando empastes que no contienen mercurio, así que confirme esto con sus dentistas si se va a empastar un diente. También debería considerar la posibilidad de retirar sus empastes viejos y reemplazarlos con los nuevos que no contienen mercurio.

La comida. La elección de los alimentos es una de las mejores y más fáciles formas de poner en marcha el proceso de descalcificación.

Hay una gran variedad de alimentos que funcionan para descalcificar la glándula pineal y mejorar su salud en general.

El vinagre de sidra de manzana, el yodo, la clórela y la espirulina son excelentes para descalcificar y prevenir la calcificación. Los aguacates, los plátanos, los berros, la piña y el pepino son las mejores opciones de alimentos para una glándula pineal saludable.

Reducir la ingesta de carne también mantendrá sana la glándula pineal descalcificada. Las carnes como el cerdo y la carne de vacuno son muy ácidas y no favorecen la salud del cerebro en general.

Considere la posibilidad de usar arcilla bentónica. Este es un tipo de arcilla que se forma a partir de cenizas volcánicas y se ha utilizado a lo largo de la historia por sus propiedades desintoxicantes. La arcilla bentónica tiene propiedades magnéticas que atraen y se unen a las toxinas, especialmente a los metales pesados, y las eliminan del cuerpo.

Se usó en la antigüedad para curar varias enfermedades de la piel y problemas digestivos. La arcilla bentónica puede ser ingerida con seguridad, y una vez dentro del cuerpo, atrae y se une a toxinas y químicos dañinos, que luego son eliminados a través del tracto digestivo.

La arcilla se vende en línea y también se puede encontrar en la mayoría de las tiendas de alimentos saludables.

Ame el Sol. Los rayos anaranjados del sol (durante el atardecer o el amanecer) son extremadamente beneficiosos para descalcificar la glándula pineal. Dar un paseo o salir al aire libre en estos momentos es una gran manera de exponerse a estos rayos curativos.

Coma alimentos orgánicos. Los metales pesados de los pesticidas también pueden ser perjudiciales para la salud de la glándula pineal y, además, son muy difíciles de eliminar del cuerpo. Coma lo más orgánicamente posible, o al menos asegúrese de que sus frutas y verduras son de cultivo orgánico. La carne de vacuno alimentada con hierba y las aves de corral orgánicas son muy recomendables también.

Aprovechar el poder curativo de las hierbas. Ciertas hierbas como la artemisa, orégano, alfalfa, eneldo y perejil tienen potentes propiedades curativas. Úselas a menudo en ensaladas o salsas o bébalas como tés de hierbas.

Desestrésese. Esto es solo sentido común. Permitir que el estrés se acumule puede conducir a trastornos físicos y mentales muy graves. Tómese el tiempo para desestresarse regularmente realizando actividades de relajación, ejercicio y meditación.

Evite la iluminación fluorescente. La glándula pineal es muy sensible a la luz y funciona mejor con luz natural. Las bombillas fluorescentes no forman parte del espectro de la luz natural y, por lo tanto, son muy perturbadoras para la glándula pineal.

Despierte su chakra del tercer ojo. Como se mencionó antes, un chakra del tercer ojo inactivo es otra causa importante de calcificación de la glándula pineal. Un chakra del tercer ojo activo energizará y fortalecerá la glándula pineal, manteniendo estas dos vías trabajando juntas en armonía.

Teoría de la Conspiración

Esto no tiene nada que ver con el tema, pero es un hecho divertido de saber. En realidad, hay una teoría de conspiración alrededor de la glándula pineal.

Los proponentes de esta teoría se llaman "activistas anti-flúor". La teoría en sí misma tiene varias variaciones, pero en pocas palabras, los defensores de la lucha contra el flúor creen que el flúor es una sustancia química que altera el cerebro y que es perjudicial en cantidades excesivas. Según la teoría, el flúor daña las células cerebrales o la glándula pineal con el tiempo.

Los activistas contra el flúor creen que desde la Segunda Guerra Mundial ha habido una conspiración para fluorizar el agua potable a fin de mantener a las masas plácidas y obedientes. ¿Quién está exactamente detrás de este plan? De nuevo, esto varía desde "gobiernos mundiales", "entidades masónicas" hasta "la élite gobernante". Esto se conoce comúnmente como la "teoría de la medicación en masa".

Otra versión de la teoría afirma que las empresas químicas, en connivencia con los gobiernos, vierten flúor en nuestro sistema de agua como una forma fácil de deshacerse de este subproducto (y hacer dinero con él al mismo tiempo). Esta es la teoría del "veneno industrial".

Una posible explicación para estas creencias es que estos activistas están influenciados por el antiguo enigma de la glándula pineal. El hecho de que la ciencia aún no haya descubierto todos sus secretos podría llevar a algunas personas a sospechar algún tipo de esquema diabólico; no hace falta decir que no hay pruebas concluyentes para tales teorías, y tal vez sea mejor tomarlas con cierto escepticismo.

Conclusión

Concluyamos este capítulo con una notable porción que ilustra el poder de la glándula pineal. La ciencia nos dice que la mayoría de los animales tienen una glándula pineal, pero a diferencia de los humanos, la aprovechan al máximo. Mientras que mucha gente ha dejado esta importante glándula inactiva e impotente, ciertos animales han aprendido a aprovechar sus capacidades en formas que la raza humana nunca ha considerado.

Todos hemos visto bandadas de pájaros volando al unísono perfectamente sincronizados y nos hemos preguntado cómo lo hacen. Nunca se ve a un miembro de la bandada acelerando y chocando con el pájaro que va delante. Nunca se ve a un pájaro frenando y al que está detrás chocando con él. Cada pájaro de esa bandada se mantiene en una formación invisible en un hermoso despliegue aéreo.

Esto se debe a que las aves han aprovechado la capacidad de trabajar como una sola mente a través de sus glándulas pineales. En realidad, se comunican telepáticamente. Los gansos migratorios son un excelente ejemplo de esto.

Los animales aparentemente tienen la capacidad de comunicarse telepáticamente a través de la glándula pineal, lo que ilustra el potencial de este pequeño órgano y lo que puede significar para la raza humana. ¡Imagine si todos los humanos fueran capaces de reconocer este poder y utilizarlo para el bien común!

Esperemos que ahora entienda cómo se entrelazan las funciones de la glándula pineal y el chakra del tercer ojo. Si el chakra del tercer ojo tiene la capacidad de trascender el reino físico, las características espirituales de la glándula pineal refuerzan y mejoran esta capacidad.

Entonces, el primer paso práctico de esta guía es comenzar a revivir y desintoxicar su glándula pineal con los pasos mencionados anteriormente. Asegúrese de comer los "superalimentos" sugeridos; revise la arcilla bentónica y filtre su agua. Comenzará a sentir la diferencia. Notará que tiene más energía, más claridad y concentración, y su sueño mejorará. Se sentirá más animado y optimista y menos propenso a los cambios de humor y a la depresión. Todos estos son signos de una glándula pineal más saludable.

En los siguientes capítulos, empezaremos a trabajar en la apertura del chakra del tercer ojo y en el fortalecimiento de su relación vital con la glándula pineal. El trabajo conjunto de ambos en armonía es el primer paso para el desarrollo de sus dones psíquicos.

Capítulo tres: Estableciendo el trabajo de base: Ejercicios para abrir el tercer ojo

¿Está listo para abrir la puerta a la conciencia interior y a la experiencia extrasensorial? Este capítulo contiene quince ejercicios para despertar su tercer ojo, enumerados en orden aleatorio. Puede comenzar con uno o dos que resuenen más con usted, luego intercambiarlos o agregar más a su rutina. A medida descubrirá que despertar el tercer ojo no es una fantasía inalcanzable.

Pasos preparatorios

Mientras se prepara para hacer estos ejercicios, debe ser consciente de tres mentalidades o cualidades básicas que son esenciales para que los ejercicios sean óptimamente efectivos. Es una buena idea practicar estas mentalidades durante al menos una semana para permitir que surtan efecto antes de empezar a practicar los ejercicios.

1. **Abrace su intuición.**

Prepare su intuición para las increíbles percepciones e información que comenzará a recibir, no ignorando o encogiendo los pensamientos que parecen "triviales" o "tontos". Usted debe aprender a confiar en su intuición y a escuchar y aceptar lo que su tercer ojo le dice una vez que comienza a expandirse.

Esto es aún más importante si usted es alguien que generalmente ha desconfiado de sus sentimientos o si los percibe como irracionales. Intente lo siguiente para estar más en sintonía con su voz interior:

- Practique el sueño lúcido.
- Juegue a las adivinanzas.
- Lea las cartas del tarot.
- Practique la interpretación de sus sueños.
- Deténgase y explore cómo se siente en ciertas situaciones o hacia personas que acaba de conocer.
- Mantenga la mente abierta, no descarte los sentimientos instintivos y deténgase a reflexionar sobre los pensamientos aleatorios que le llegan de repente; así es como suele recibir los mensajes de su tercer ojo.

2. Aprenda a saborear el silencio.

Los ejercicios y meditaciones de este libro deben ser practicados en silencio. No necesariamente en un entorno silencioso, aunque sería ideal (usted aprenderá a tratar con el ruido y las distracciones en el capítulo siguiente). Se trata de aprender a fomentar y disfrutar del silencio de una mente tranquila y sosegada.

Esto se debe a que su tercer ojo comenzará a darle acceso a mensajes más profundos y sutiles a medida que su percepción se intensifica. Una mente silenciosa y tranquila es necesaria para que usted sea capaz de oír y sentir estos mensajes. Serán casi como un susurro al principio hasta que su tercer ojo se despierte completamente.

Cultive el silencio interior con lo siguiente:

- Pasar un tiempo tranquilo en la naturaleza. Esto puede ser sentarse tranquilamente en un prado de hierba o en una playa, o dar un paseo en un parque tranquilo.

- Tómese unos momentos cada día para recostarse, cierre los ojos y concéntrese en el silencio de su mente. Descarte los pensamientos que lo distraigan respirando profundamente y continuando solo para sentarse tranquilamente.
- Escuche música tranquila.
- Practique un pasatiempo relajante como la pintura o las artesanías, donde su mente pueda estar totalmente inmersa en lo que está haciendo.

3. **Fomente su fuerza creativa.**

Un chakra del tercer ojo inactivo ahoga la creatividad y la espontaneidad. Fomentar su creatividad facilitará el proceso de apertura del tercer ojo. Impulse su fuerza creativa involucrándose en cualquier cosa creativa. Aquí hay algunas sugerencias:

- Baile o cante.
- Pinte con los dedos.
- Juegue con arcilla.
- Construya cosas con Legos.
- Escriba poesía.
- Diseñe una tarjeta hecha a mano para un amigo o un ser querido.
- ¡Juegue con los niños y capte su deliciosa espontaneidad!

La creatividad lo ayuda a dejar atrás la lógica rígida, los pensamientos excesivamente racionales y las creencias convencionales de lo que está bien o mal. Esto realmente obstaculizará el proceso de despertar del tercer ojo. ¡Su mente necesita estar abierta y lista para aceptar experiencias muy poco convencionales, de hecho! Cuanto más abierto usted esté a las posibilidades, más potenciará su chakra del tercer ojo.

Plan de siete días para la desintoxicación mental

Siempre es mejor empezar con una "pizarra limpia", por así decirlo. He aquí un plan sugerido de siete días para limpiar, desestresar y desintoxicar su mente, para hacerla más receptiva a los ejercicios y técnicas del tercer ojo. Dedique cada día a practicar solo la actividad sugerida, y al final de la semana, encontrará que su mente está mucho más calmada y enfocada.

Día 1: Organícese

- Tómese unos minutos la noche anterior para organizar sus pensamientos y planear su día. Utilice una agenda de escritorio o un cuaderno de notas para anotar todas las cosas que debe hacer al día siguiente, las horas en que debe hacerlas y establezca un plazo aproximado para cada tarea.
- Programe también el tiempo para los descansos y las comidas.
- Prepárese para interrupciones inesperadas y no se asuste si su horario se desbarata un poco.
- Este ejercicio le ayudará a ver que un día planificado y más estructurado puede eliminar el desorden mental y le ayudará a estar más concentrado y ser más productivo.

Día 2: Practique la gratitud

Su objetivo para el segundo día es contar sus bendiciones desde el momento en que se despierta hasta que pone su cabeza en la almohada por la noche. Comience su día agradeciendo que está aquí para disfrutarlo. Aprecie el olor y el calor de su café matutino y de sus bendiciones para su desayuno.

A medida que avanza el día, encuentre cosas por las que estar agradecido que siempre ha dado por sentado. Por ejemplo: su bonita oficina; la amable camarera del restaurante donde va a almorzar; o la bonita vista de su ventana. ¿Cuántas veces se ha detenido a considerar cuánto mejor estas cosas hacen su vida?

Más importante aún, aproveche la oportunidad de apreciar a sus seres queridos y recuerde la alegría que traen a su vida.

Para cuando se vaya a la cama, estará lleno de paz, calma y agradecimiento por haber sido tan bendecido.

Día 3: Siga la corriente

Esto es todo lo contrario a un día programado. En el tercer día, su mantra será: "Es lo que tiene que ser". No haga planes ni tenga expectativas. Solo tome cada cosa como viene y lidie con ella con calma. No se desvíe cuando surja algo inesperado, y enfrente las crisis y las situaciones difíciles sin entrar en pánico, porque "Es lo que tiene que ser", y nada dura para siempre.

Este ejercicio le ayuda a poner las cosas en perspectiva y evita que se obsesione o se estrese cuando las cosas no salen exactamente como se han planeado.

Día 4: Estar en el presente

Aprender a estar atento es la clave para despertar el chakra del tercer ojo, así que esta es una buena práctica para los ejercicios que usted hará más tarde. Realice varias pausas durante el día para observar su entorno y centrarse en lo que está haciendo.

Concéntrese en los sonidos, olores y vistas a su alrededor. Tome conciencia de dónde está y de los objetos que le rodean, como un cuadro en la pared, los objetos en su escritorio y la vista fuera de su ventana. Lleve su mente a lo que está haciendo y sumérjase completamente en la tarea.

Cuando usted se sorprenda pensando en recoger a los niños a las 4:00 p. m. o en la pila de ropa sucia que espera en casa, traiga su mente de vuelta al presente.

No hace falta decir que este es un día en el que usted debe evitar la multitarea y centrarse en una cosa a la vez.

Día 5: Mantener el pasado en el pasado

Una de las cosas más destructivas mentalmente que hacemos como humanos es pensar en eventos pasados dolorosos. Nos detenemos en conversaciones y argumentos, repitiéndolos una y otra vez en nuestras mentes. Guardamos rencor y resentimiento hacia otros a quienes culpamos de nuestras desgracias y dolores pasados.

En el quinto día, su objetivo es atraparse a sí mismo morando en el pasado y descartar inmediatamente esos pensamientos centrándose en lo que está haciendo, y luego pensar en pensamientos positivos.

Cuando practique este ejercicio, se sorprenderá al descubrir cuánto de su día pasa realmente viviendo en el pasado.

Día 6: Piense antes de reaccionar

En este día, usted debe hacer una pausa para reflexionar antes de hablar o reaccionar a todo lo que se encuentre. Escuche lo que los demás están diciendo y no responda con lo primero que le venga a la mente. En su lugar, haga una pausa, procese la información y responda con calma y apropiadamente. Lo mismo se aplica a sus acciones a lo largo del día. Esta es una buena manera de frenar la impaciencia y el pánico y le ayuda a ver las cosas en perspectiva.

Día 7: Despeje su cerebro

El séptimo día es para reflexionar sobre los últimos seis días y despejar el cerebro de cualquier pensamiento negativo.

Piense solo en las cosas positivas y placenteras que sucedieron durante la semana, lo que ha logrado en el trabajo, las grandes conversaciones que tuvo, los eventos agradables y las situaciones difíciles que manejó con éxito. Piense en estos pensamientos positivos y saque mentalmente todos los pensamientos negativos de su mente.

Usted puede revisar este ejercicio cada cierto tiempo para mantener su mente clara y equilibrada. No interferirá con los ejercicios y meditaciones del chakra del tercer ojo.

Quince ejercicios para despertar el chakra del tercer ojo

Esta es una compilación de los ejercicios más efectivos para despertar, nutrir y mantener la salud del chakra del tercer ojo. Usted debe probar cada uno al menos una vez para tener una idea de ello.

Ejercicio 1: Respiración consciente

Este ejercicio se puede hacer siempre que tenga cinco minutos para sentarse tranquilamente en una posición cómoda y relajada.

- Asegúrese de estar sentado o reclinado cómodamente.
- Cierre los ojos y tómese unos momentos para dejar que su cuerpo se relaje.

- Inhale lentamente por la nariz hasta la cuenta de cinco. Concéntrese solo en la actividad de la respiración. Sienta el aire que pasa por sus fosas nasales y que llena sus pulmones. Sienta cómo sus pulmones se expanden con el aire.
- Aguante la respiración durante dos o tres segundos.
- Exhale lentamente por la boca a la cuenta de cinco, volviendo a concentrarse en la sensación de su aliento al salir del cuerpo.
- Sea consciente de la tensión que sale de su cuerpo con cada exhalación.
- Repita diez veces.
- Nota: Respire profundamente desde su vientre. La respiración superficial frustrará el propósito ya que causa estrés. Asegúrese de que el aire entre profundamente en su estómago y suéltelo lentamente desde allí.

Este es uno de los mejores ejercicios para reforzar el silencio de la mente. También ayuda a limpiar y energizar el tercer ojo, equilibrar todo el sistema de chakras, y ayuda a asentar la percepción y la conciencia. También es un alivio instantáneo del estrés.

La respiración consciente se puede practicar en muchas situaciones, como en una silla cómoda en casa, en la oficina durante un descanso, o cuando se va al trabajo o se está sentado en el auto.

Ejercicio 2: Enrollar la lengua africana

Esta es una práctica tradicional entre varias tribus africanas donde la comunión con el mundo de los espíritus es un rito sagrado. Creen que el chakra del tercer ojo debe ser muy poderoso para poder participar en estos ritos, y, por lo tanto, este ejercicio se practica comúnmente para fortalecerlo:

- Utilice su lengua para acariciar lentamente el paladar de delante a atrás durante dos o tres minutos.
- Mueva su lengua más rápido a lo largo del paladar y use su voz para hacer un sonido aleatorio. Sienta cómo el paladar empieza a vibrar. Intensifique el movimiento para aumentar la vibración tanto

como sea posible. Esto se supone que "atrae la atención del tercer ojo".
- Continúe haciendo esto durante tres o cuatro minutos.

Ejercicio 3: Tocar el tercer ojo
El propósito de este ejercicio es hacer cumplir la intención del subconsciente.

- Coloque su dedo en el chakra del tercer ojo en medio de su frente y declare en silencio la intención de despertarlo.

- Masajee suavemente su tercer ojo con un movimiento circular y visualícelo comenzando a pulsar y a despertar. Continúe este movimiento durante tres o cuatro minutos.

- Haga una pausa durante algunos segundos para golpear suavemente el tercer ojo dos o tres veces y luego continúe masajeando, visualizando el ojo mientras comienza a despertarse lentamente bajo su tacto.

Ejercicio 4: Contemplar la luna
La luz de la luna energiza el tercer ojo, aumenta la intuición y agudiza la percepción.

Por supuesto, mirar la luna no es un ejercicio que se pueda hacer regularmente, ya que depende de su clima y condiciones meteorológicas específicas. Pero si puede, debe aprovechar las noches cálidas e iluminadas por la luna para tender una manta en su patio, tejado o balcón, y tumbarse a contemplar la maravillosa belleza de la luna y las estrellas. Es una forma simple y relajante de promover el silencio de la mente mientras se baña el tercer ojo en los nutritivos rayos de la luna.

- Acuéstese o siéntese y simplemente contemple la luna.
- Imagine la luz de la luna bañando su cuerpo y entrando en su tercer ojo.
- Agradezca cualquier pensamiento que le venga y trate de escuchar a su tercer ojo.

Ejercicio 5: Adivinación

La adivinación es una antigua práctica de conciencia psíquica o segunda vista. Permite "ver" de forma similar al cliché de una hechicera con una bola de cristal. Pero no se preocupe. Usted no tiene que salir y comprar una bola de cristal para hacer este ejercicio.

La adivinación se puede hacer a través de una variedad de métodos como mirar en un charco de agua, un espejo, el fuego o una bola de cristal si le apetece. Mirar las nubes es otra gran manera de practicar la adivinación.

Este ejercicio es genial para eliminar los bloqueos del tercer ojo para liberar energía y mejorar la visión interna. No tiene nada que ver con la lectura del futuro. Es simplemente un proceso de apertura de la mente a los mensajes que su tercer ojo le envía.

Artículos sugeridos para usar en la adivinación

Probablemente esté familiarizado con la práctica de adivinación de las imágenes que ha visto de una hechicera mirando dentro de una bola de cristal. Sin embargo, hay otros métodos de adivinación que son probablemente más accesibles.

- **Espejos.** Mirarse en un espejo es uno de los métodos más comunes de adivinación.
- **Agua.** Un simple cuenco de agua cumple la misma función que una bola de cristal. Puede dejar caer piedrecillas o cristales en el agua y mirar las ondulaciones que hacen.
- **Aceite.** Puede usar aceite de cocina normal o aceite perfumado; la fragancia captará su sentido del olfato y ampliará su percepción. El aceite se vierte en el agua, y usted mira los movimientos y formas que hace, y la luz que se refleja en él.
- **Cera.** Aquí es donde la cera calentada se gotea en un tazón de agua. Puede simplemente encender una vela e inclinarla para que la cera caiga en el tazón y se endurezca.
- **Fuego.** Mirar fijamente la llama de una vela o un fuego de madera es una gran manera de ver imágenes asombrosas y recibir

mensajes sorprendentes. En realidad, es el método más antiguo de adivinación.

Cómo practicar la adivinación

- Mire atentamente lo que ha elegido para el ejercicio.
- Relaje suavemente su visión y permita que se desenfoque un poco.
- Continúe mirando al espejo, agua o fuego, hasta que se empiecen a formar imágenes.
- Contemple las imágenes y trate de ver si puede interpretar cualquier mensaje que venga de su tercer ojo.

Puede que usted no vea necesariamente ninguna visión clara o reciba mensajes específicos, especialmente al principio. El objetivo de la observación es darle una idea de la energía psíquica que reside dentro de su tercer ojo, y cuanto más lo despierte, más vívidas serán las imágenes que reciba, y más fácilmente podrá interpretarlas.

Ejercicio 6: Visualización del tercer ojo

Este ejercicio trabaja para despertar su ojo interno usándolo para reemplazar sus ojos físicos.

- Comience con objetos simples hasta que su tercer ojo esté entrenado para hacer esto con objetos más complejos.
- Una imagen de un círculo, un cuadrado o un círculo de un color vivo es un buen ejemplo para empezar. También puede elegir cualquier objeto físico simple como un lápiz, una taza, un cenicero, etc.
- Mire fijamente al objeto durante unos minutos, registrando cada detalle.
- Cierre los ojos y visualice el objeto, recreando cada detalle y color hasta que pueda verlo en el ojo de su mente como si lo estuviera viendo físicamente.

Este ejercicio requiere una concentración extrema, pero con el tiempo, se volverá más fácil. Usted aprenderá a utilizar su ojo interno para recrear visualizaciones de carteles, portadas de libros y objetos intrincados tan realistas que se sorprenderá.

Ejercicio 7: Proyección

Este maravilloso ejercicio le permite viajar a través del tiempo y el espacio en su mente.

• Elija un lugar que conozca bien y disfrute de su visita. Puede ser un parque, una tienda que le guste, o su restaurante favorito.

• Cierre los ojos y visualice cada detalle, luego trate de imaginarse en ese lugar como si estuviera allí físicamente.

• Reviva un evento pasado que sucedió en ese lugar como si estuviera sucediendo de nuevo en el mismo momento. Trate de recordar cada detalle e incluso las conversaciones que tuvo. Déjese transportar al pasado y reproduzca la escena como si hubiese retrocedido en el tiempo.

• Ahora, proyéctese hacia el futuro imaginando ese mismo lugar o cualquier otro que conozca bien. La próxima vez que usted visite ese lugar, visualice lo que sucederá, lo que llevará puesto, cómo será el tiempo, o las personas que conocerá. Deje que su mente le lleve a donde quiera, mientras se proyecta en esa escena del futuro.

Este ejercicio despierta sus sentidos internos y le da a su tercer ojo un buen entrenamiento.

Ejercicio 8: Pose Balasana de Yoga

El yoga, en general, es muy efectivo para abrir el tercer ojo, pero esta posición es específicamente útil. Se llama la posición del "niño durmiente" o la "postura del niño".

• Utilice una esterilla de yoga o una manta doblada o un suelo alfombrado.

• Bájese suavemente al suelo y siéntese en los talones.

• Respire profundamente tres veces.

• Baje lentamente la parte superior del cuerpo hacia delante hasta que la frente toque el suelo.

• No estire los brazos delante de usted, pero manténgalos junto a su cuerpo, con las palmas hacia arriba.

• Lleve su conciencia a su frente y mantenga su enfoque allí. Respire profundamente durante unos minutos, centrándose solo en su frente.

• Levante el cuerpo muy lentamente hasta que vuelva a estar sentado sobre los talones.

• Mueva la cabeza hacia atrás y descanse en la parte posterior de su cuello. Mantenga sus ojos mirando hacia arriba por unos momentos mientras respira profundamente.

• Repita el ejercicio tres veces.

Ejercicio 9: Visualización de colores

Este es uno de los mejores ejercicios para energizar y desbloquear el chakra del tercer ojo.

• Siéntese en una posición cómoda y respire profundamente tres veces, permitiendo que la tensión salga de su cuerpo.

• Cierre los ojos y visualice una rueda de energía púrpura o azul oscuro girando en la zona del tercer ojo.

• Enfóquese en la bola de energía mientras irradia energía en su tercer ojo.

• Continúe el ejercicio tanto tiempo como desee.

Ejercicio 10: Practique viendo su aura

Algunas personas que abren el chakra del tercer ojo pueden ver auras. Esta es una buena manera de empezar a practicar mientras se energiza el chakra del tercer ojo al mismo tiempo. Discutiremos cómo ver las auras con mayor detalle más adelante. Este es un gran ejercicio para mejorar la visión periférica, que se necesita para ver las auras.

• Practique este ejercicio en una habitación bien iluminada (pero no demasiado brillante) y frente a una pared de color neutro.

• Siéntese frente a la pared en el suelo o en una silla. Estire los brazos hacia la pared hasta que estén a unos 40 centímetros de la pared y directamente delante de sus ojos.

• Junte sus dedos índices y enfoque su visión en el punto donde se están tocando.

• Mueva sus dedos índices ligeramente separados, pero mantenga su visión enfocada en el punto donde se estaban tocando.

• Amplíe su visión a lo largo del mismo punto, pero más lejos en la distancia.

• Continúe enfocando la distancia, y en su visión periférica, debería ver una tenue luz azul alrededor de sus dedos y manos. Esta es la luz de su aura.

• Puede que esto no ocurra las primeras veces, pero con la práctica, será capaz de ver la luz e incluso practicar el ejercicio en la oscuridad total. El objetivo principal de este ejercicio es fortalecer la visión periférica y energizar la percepción del tercer ojo.

Ejercicio 11: Ejercicio de Cristal

Ciertas piedras y cristales ayudan a energizar el chakra del tercer ojo. Algunas de ellas incluyen lapislázuli, zafiro azul, ágata azul y cuarzo azul.

• Coja la piedra o el cristal y sosténgalo en su mano por un momento.

• Cierre los ojos y visualice la energía que fluye desde el cristal hasta el chakra del tercer ojo.

• Siéntalo entrar en su tercer ojo, calentándolo y causando un cosquilleo.

• Practique este ejercicio con una piedra diferente cada vez, dejando que su intuición le guíe en cuanto a la que elija.

Ejercicio 12: Ejercicio de base de la conciencia

Una de las principales causas de un tercer ojo dormido es no vivir atentamente y no estar en el presente. Pensar demasiado en el futuro, rumiar sobre el pasado y vivir en la fantasía hace que nuestro tercer ojo pierda la perspectiva porque no está basado en la realidad.

Usted puede aplicar este ejercicio a cualquier cosa que haga en la vida diaria, pero aquí, vamos a centrarnos en la actividad de comer una comida.

• Siéntense ante su plato, pero no comience a comer de inmediato. En su lugar, cierre los ojos y concéntrese en el olor de la comida por unos momentos.

• Abra los ojos y comience a comer, enfocando su atención solo en la comida que está comiendo.

• Mastique lentamente, saboreándola y contemplando los diferentes sabores y texturas.

• Sienta cómo la comida se mueve por su garganta y se asienta en su estómago.

• Tenga en cuenta solo la comida que está comiendo en este momento.

Puede practicar este ejercicio al doblar la ropa, lavar los platos o cualquier otra tarea mundana. En lugar de dejar que su mente deambule, concéntrese solo en lo que está haciendo y deje que su mente y sus sentidos observen y registren cada detalle.

Con el tiempo, usted aprenderá a vivir más atentamente, manteniendo su tercer ojo en la realidad.

Ejercicio 13: Meditación con cristales

Para este ejercicio, usted necesita un pequeño cristal de amatista que puede ser colocado en el área de su chakra del tercer ojo.

• Acuéstese y coloque la amatista en su frente.

• Visualice la energía del cristal penetrando en su tercer ojo y llenándolo de energía.

• Declare en silencio la intención de que está despertando su tercer ojo.

• Continúe el ejercicio por el tiempo que desee.

Ejercicio 14: Mantra del tercer ojo

La palabra "Om" se canta a menudo como un mantra en las prácticas espirituales porque en realidad coincide con la vibración del tercer ojo. Crea una energía curativa que equilibra y nutre el chakra del tercer ojo.

- Acuéstese o siéntese en una posición cómoda y enfóquese en su tercer ojo.
- Cante la palabra "Om" con una voz monótona una y otra vez.
- Sienta las vibraciones del mantra fluyendo hacia su tercer ojo y visualícelo vibrando junto con el mantra.
- Practique el ejercicio tanto tiempo como desee.

Ejercicio 15: Ejercicio de Mudra del Tercer Ojo

- Siéntese en el suelo con las piernas cruzadas y la espalda recta.
- Ponga las palmas de las manos juntas delante de usted con ambos pulgares tocándose e inclinadas hacia el pecho. Los dos dedos medios también deben tocarse. El resto de sus dedos deben estar doblados.
- Inhale profundamente por la nariz, y al exhalar, pronuncie el mantra "Ksham" mientras se enfoca en su chakra de la frente.
- Repítalo siete veces.

Qué se puede esperar

A medida que el chakra del tercer ojo comience a abrirse con estos ejercicios, usted comenzará a experimentar un cambio gradual. Puede ser casi imperceptible al principio, pero lo sentirá. Sin embargo, no espere demasiado al principio. Dese tiempo, manténgase abierto y sea paciente. Después de todo, su tercer ojo ha estado inactivo toda su vida. Necesita tiempo para abrirse y cobrar vida lentamente. Usted puede esperar experimentar algunos de lo siguientes:

- Un ligero dolor de cabeza cuando se despierta por la mañana.
- Presión en el área del chakra del tercer ojo. La presión puede ser bastante fuerte como si algo estuviera presionando su ceja, o puede ser leve. Esto es una señal de que su tercer ojo se está expandiendo.
- Una sensación de hormigueo en la zona del tercer ojo.
- Puede que oiga leves chasquidos en la cabeza a intervalos durante el día.
- Puede que tenga una mayor sensibilidad a la luz brillante.
- Aumento de los sentidos donde verá, sentirá, olerá y escuchará cosas con un nuevo nivel de conciencia.

• A medida que su tercer ojo se active, será más perceptivo a las toxinas de los alimentos. Puede que se encuentre naturalmente evitando ciertos alimentos mientras elige los que nutren y vigorizan su cuerpo y su tercer ojo. En otras palabras, el despertar de su tercer ojo le hará más consciente de su salud.

• Usted se volverá consciente de la mejora en la concentración y el enfoque.

Cuando usted comienza a experimentar algunos de estos síntomas, puede estar seguro de que su tercer ojo se ha abierto. ¡Felicidades! ¡Su metamorfosis ha comenzado!

Estos ejercicios deben practicarse regularmente a diario, si es posible, así como en forma alternada. Sea creativo con las combinaciones, eligiendo practicar dos o tres ejercicios durante una o dos semanas antes de cambiar a un nuevo conjunto. Explore cuáles funcionan mejor con usted.

Un consejo aquí; no se apresure. Sea paciente y dele tiempo a los ejercicios para que funcionen. No hay un marco de tiempo para los resultados esperados. Algunas personas pueden empezar a experimentar síntomas del despertar del tercer ojo después de solo una semana. Con otros, puede tardar meses. Continúe con los ejercicios y con las técnicas adicionales que aprenderá en el próximo capítulo.

Capítulo cuatro: Meditación: La piedra angular del despertar del tercer ojo

Si la música es el alimento del alma, la meditación es el alimento más potente para el chakra del tercer ojo. De hecho, la meditación es el mejor alimento para cualquier emprendimiento en el despertar espiritual. De hecho, algunos de los ejercicios discutidos en el capítulo anterior son en realidad "mini meditaciones". Pero abrir el chakra del ojo interno requiere llevarlo a un nivel más alto con sesiones de meditación más intensas. La meditación debe ser practicada junto con los ejercicios.

¿Qué es exactamente la meditación?

La meditación es una habilidad que puede ser aprendida y perfeccionada, como cualquier otra habilidad que probemos. No requiere ningún talento especial. Por otro lado, también necesita ser abordada sin escepticismo.

Si usted es nuevo en la meditación, puede sentirse un poco incómodo al principio. Sin embargo, la mayoría de las personas que experimentan las alegrías de la meditación aprenden rápidamente a amarla como una actividad relajante y enriquecedora.

La meditación es básicamente una práctica antigua establecida en las antiguas tradiciones indias. Se practica con el objetivo de abrir la mente para una intuición y percepción más profundas. También hay varias meditaciones muy poderosas desarrolladas específicamente para abrir el tercer ojo y fortalecer la glándula pineal.

La meditación también le ayuda a controlar sus pensamientos y su mente, poniéndolo, como creen los defensores del budismo, en control de su vida. Este es un regalo extremadamente poderoso para tener. Muchas cosas en la vida están fuera de nuestro control, pero al aprender a controlar nuestros pensamientos, podemos responder a las situaciones con sabiduría y calma y tomar mejores decisiones. Esta habilidad se hace aún más pronunciada cuando su chakra del tercer ojo se despierta.

La meditación desarrolla la claridad y mejora la concentración y es posiblemente una de las mejores maneras de aliviar el estrés. Estos son solo algunos de los beneficios de la meditación. Todos los beneficios físicos y mentales, así como las investigaciones que los confirman, son demasiado numerosos para enunciarlos aquí.

¿Cómo funciona la meditación?

Cuando usted medita, su cerebro entra en un estado de longitud de onda alfa, (que es diferente del estado normal de longitud de onda beta con el que resuena el cerebro). En este estado de tranquilidad y relajación, la mente se abre más para recibir mensajes sutiles y percepciones de nuestro tercer ojo. La práctica regular de la meditación permite entrar más y más fácilmente en el estado de longitud de onda alfa y, con el tiempo, se puede recibir una sabiduría, un conocimiento y una información más profundos del reino no físico. También ayuda a fortalecer los dones espirituales.

Tipos de Meditación

Los tipos de meditación son variados y diversos. La meditación Zen, la meditación Vispana, la meditación de la atención plena, la meditación trascendental, la meditación taoísta y la meditación mantra son algunas de las más populares. También hay un tipo de meditación para casi cualquier cosa, desde aliviar el dolor y el estrés hasta conocer a sus guías superiores. Pero lo ideal sería que la meditación se enfocara con el objetivo de lograr la calma interior y una conciencia más profunda, además de la pura felicidad de poder olvidar el mundo y relajarse.

Meditaciones para el tercer ojo

La meditación nos permite apagar la mente pensante y lógica. Cuando la mente se aquieta y entra en un estado de longitud de onda de nivel alfa, entonces se convierte en un filtro para las percepciones sutiles y los mensajes del tercer ojo.

Todos los tipos de meditación son efectivos para abrir el tercer ojo. La meditación guiada y cualquier tipo de meditación de atención plena funcionará muy bien. Sin embargo, las siguientes son las más poderosas para abrir y nutrir el tercer ojo.

Meditación 1: Meditación Trataka

Esta es una antigua meditación derivada de las prácticas de Tantra y Hatha yoga. En sánscrito, Trataka significa "contemplar" o " mirar".

Esta meditación requiere que usted se siente perfectamente quieto en el suelo con las piernas cruzadas en la posición de loto. Si esto no es cómodo, siéntese en una silla de respaldo recto donde pueda mantener su columna vertebral recta.

Cierre los ojos y respire profundamente desde el vientre durante dos o tres minutos hasta que su cuerpo esté completamente relajado.

Concéntrese profundamente en la zona del chakra del tercer ojo. Continúe enfocando el área por unos momentos.

Con los dos ojos todavía cerrados, llévelos hacia arriba, hacia el chakra interior del ojo, como si lo estuviese mirando. Puede que usted sienta una tensión en sus ojos mientras intenta mantenerlos en esa posición. Usted sabrá que es la posición correcta cuando sienta que sus ojos se "traban" ligeramente por encima del puente de su nariz, y la posición no se sienta demasiado tensa.

Mantenga los ojos cerrados en esa posición y empiece lentamente a contar hacia atrás desde 100 (con unos dos segundos entre cada cuenta).

Mantenga los ojos cerrados enfocados en el chakra del tercer ojo hasta que termine de contar hacia atrás hasta cero.

Vuelva a poner los ojos en su posición normal y respire profundamente tres veces para volver a centrarse. Permita que sus ojos vuelvan a su movimiento normal.

Sienta cómo se vuelve a conectar con la tierra y abra los ojos. La meditación debe durar entre diez y quince minutos.

Algunas personas reportan que, al hacer esta meditación, pueden ver sus pensamientos como si estuvieran viendo un sueño. Pueden sentir calor en la zona del ojo interno, lo que indica que está atrayendo energía. Además, no solo es una meditación muy poderosa para despertar el tercer ojo, sino que también es un gran entrenamiento que mantiene los ojos sanos.

Nota: Esta meditación debe practicarse con moderación para evitar la sobre activación del chakra del tercer ojo. Una vez a la semana será suficiente para mantener todo en equilibrio.

Meditación 2: Meditación de exploración del cuerpo para la intuición del tercer ojo

Esta meditación está específicamente orientada a incrementar su intuición a través del chakra del tercer ojo.

- Siéntese en una posición cómoda con la espalda recta.
- Cierre los ojos y haga el ejercicio de respiración consciente para que pueda conectarse a tierra. Esto debería tomar de dos a tres minutos, o hasta que toda la tensión se libere de su cuerpo y se sienta completamente relajado.
- Comience el escaneo del cuerpo desde la parte superior de su cabeza o desde el chakra de la corona. Enfóquese en esta área hasta que empiece a notar las sensaciones allí. Esto puede ser un hormigueo, presión, un ligero calor, ardor o zumbido. No se

preocupe si no siente nada las primeras veces que practique esta meditación. Su mente se entrenará para captar estas sensaciones con el tiempo.

• Cuando esté listo, baje a toda la zona de la frente desde la parte frontal hasta la parte posterior de su cabeza. Enfóquese en esta área, una vez más, notando cualquier sensación allí.

• Cuando esté listo, baje a los ojos, luego la nariz, el área sobre la boca y luego la boca misma. Pase unos minutos en cada área y noten las sensaciones.

• Continúe el escaneo del cuerpo moviéndose hacia abajo y explorando cada parte del cuerpo; barbilla, cuello, hombros, brazos, torso, parte superior del estómago, parte inferior del vientre, parte superior de los muslos, piernas, y finalmente termine con los pies.

• No reaccione ni juzgue las sensaciones negativas que pueda sentir. Simplemente reconózcalas y siga adelante.

• Si lo desea, puede repetir el escaneo del cuerpo comenzando una vez más desde la parte superior de su cabeza.

La meditación aumenta la intuición haciéndole más consciente de las sutiles sensaciones de su cuerpo. Usted puede recibir ciertas percepciones o momentos "¡ajá!" mientras está meditando, o incluso días después de la meditación.

Meditación 3: Bola de luz dorada

• Siéntese en la posición de loto o en una silla cómoda con la espalda recta.

• Respire profundamente y sienta la tensión que sale de sus músculos con cada respiración.

• Visualice una corriente de energía caliente que fluye por su cuerpo desde la parte superior de su cabeza hasta los dedos de los pies. Continúe visualizando y sienta esta energía circulando lentamente por su cuerpo.

• Luego, dirija su atención al chakra del tercer ojo y la energía caliente que llena el espacio entre las cejas.

- Visualice que la energía se junta para formar una bola giratoria de luz dorada en el centro del chakra del tercer ojo.
- Concéntrese en la bola giratoria y en la hermosa luz dorada que emana de ella.
- Cuando se sienta listo, permita que la luz se expanda hasta que llene todo su chakra del tercer ojo. Visualícela expandiéndose lentamente hasta que finalmente emerja de su frente en un brillante rayo de luz dorada incandescente.
- Observe el hermoso rayo de luz con su ojo interno y note cualquier color o imagen que aparezca dentro de él.
- Simplemente reconozca lo que ve sin juzgarlo.
- Ahora, aun mirando a la luz con su tercer ojo, pregunte a su tercer ojo si tiene un mensaje para usted. Tómese el tiempo que necesite.
- Cuando esté listo, regrese a la realidad con una respiración profunda y abra lentamente los ojos.

De nuevo, no se preocupe si no ve nada las primeras veces que practique esta meditación. Cuanto más usted avance, más fuerte será el rayo de luz y las imágenes y mensajes de su tercer ojo.

Meditación 4: El despertar del tercer ojo y la descalcificación de la glándula pineal

- Siéntese en una posición cómoda y deje que su cuerpo se asiente y se relaje.
- Cierre los ojos, respire profundamente y manténgalo todo el tiempo que pueda, sintiendo la plenitud de sus pulmones. Exhale lentamente por la boca.
- Enfoque completamente el chakra del tercer ojo. Si le ayuda, puede visualizarlo como una pequeña bola de luz.
- Permita que sus sentidos se vuelvan vívidos e intensamente conscientes de todo lo que le rodea; cualquier sonido de fondo como voces o el zumbido de los aparatos eléctricos, el asiento debajo de usted, la sensación de su ropa contra su piel, y cualquier olor que pueda venirle.

- Permita que sus sentidos experimenten plenamente todas estas cosas mientras descarta cualquier pensamiento sobre ellas.
- Visualice que su tercer ojo absorbe y procesa todos estos sonidos, olores y sensaciones.
- Cuando esté listo, termine la meditación respirando profundamente unas cuantas veces.

Esta meditación puede ser practicada diariamente. Energiza tanto el chakra del tercer ojo como la glándula pineal y aumenta la conciencia y los sentidos.

Meditación 5: La respiración atenta es una señal

Esta es una gran meditación para mantenerle en tierra durante todo el día y regularmente atento a su tercer ojo.

- Elija una cierta señal de su vida diaria, como cuando se mire en el espejo o se cepille los dientes; cuando suene el teléfono o haya terminado la llamada. Puede ser cada vez que usted mire por la ventana o escuche el ladrido de un perro o la bocina de un coche. Simplemente elija una señal que ocurra regularmente en su vida diaria, idealmente, más de una.
- Cada vez que aparezcan, respire atentamente durante unos minutos mientras se centra en su chakra del tercer ojo.
- Repita el ejercicio cada vez que se produzca la señal.
- Este ejercicio le permite relajarse y aterrizar su mente hiperactiva mientras que también comprueba su tercer ojo.

Consejos para obtener el máximo provecho de la meditación

Aquí hay algunas sugerencias para ayudarlo a meditar mejor. No son reglas obligatorias, sino solo consejos útiles a tener en cuenta.

Lugar. El lugar ideal para meditar debe ser relajante y acogedor, con el menor ruido o perturbación posible. No tiene que ser necesariamente en el interior. Meditar en la naturaleza con el sonido de los pájaros o las olas que se arrastran hasta la orilla es una experiencia maravillosa. La elección depende de usted: solo un ambiente calmante que resuene con usted.

Tiempo. Es mejor si usted es capaz de meditar a la misma hora cada día; tener un horario de meditación consistente realmente ayuda a fundamentar su mente y crea un patrón regular de tiempo de espera para el cuerpo y la mente. Muchas personas encuentran que tener un horario regular de meditación les da algo que esperar durante un día agitado. Su tiempo de meditación es un refugio tranquilo y energizante de los estragos de la vida diaria.

Posición. Ya sea que usted elija sentarse en el suelo o en una silla, lo importante es que esté totalmente cómodo. La posición ideal es aquella en la que pueda quedarse dormido si lo desea. Siempre dele tiempo a su cuerpo para que se calme y se relaje antes de empezar, ya que si se agita durante la meditación se perderá la concentración.

- Intente aclarar su mente. Conectarse con el chakra del tercer ojo y recibir información del plano superior requiere una extrema claridad y calma de la mente. Esto es más fácil de decir que de hacer, especialmente si usted es nuevo en la meditación. La mejor manera de mantener la claridad es permanecer enfocado en el tercer ojo el mayor tiempo posible durante cada meditación.

- Salir de un estado meditativo es tan importante como entrar en él. Nunca debe abrir los ojos y saltar. Siempre vuelva a enfocarse en el mundo físico lentamente y con unas pocas respiraciones profundas hasta que esté completamente consciente de lo que le rodea.

- Tómese su tiempo. Cada meditación debe durar al menos 30 minutos.

- Use ropa suelta y cómoda, y no use zapatos.

- No se alarme cuando de repente reciba un mensaje o pensamiento conmovedor, de su tercer ojo. Esto puede interrumpir su concentración.

- Aprenda a sentarse en la posición de loto adecuada, ya que permite la mejor alineación del cuerpo.

- Apague los teléfonos celulares, los televisores y otras fuentes de distracción.

- Siéntase libre de explorar otras formas de meditación como la meditación guiada y la meditación con sonidos de la naturaleza o música, o la meditación que incorpora el movimiento físico.
- Disfrute de la experiencia.

Conclusión

Una mente tranquila vibra en una frecuencia que resuena con la frecuencia de la intuición. Cuanto más usted medite, más aprenderá su mente a estar tranquila y silenciosa, permitiendo que la intuición se escuche más claramente. A medida que su tercer ojo comience a abrirse y a recibir energía, también lo harán sus sentidos. Usted comenzará a desarrollar una percepción clara como el cristal, así como más y más momentos de poderosa intuición.

Usted se encontrará viviendo más en el momento presente, ya que estas meditaciones son también grandes para impulsar la atención. Estos cambios graduales serán toda la motivación que necesita para hacer de la meditación una parte de su rutina diaria.

Capítulo cinco: El chakra del tercer ojo y la vida cotidiana: Cómo nutrir el tercer ojo

Despertar el tercer ojo y curar la glándula pineal no es el final del viaje. Es un proceso continuo de equilibrio, fortalecimiento y nutrición del chakra del tercer ojo para mantenerlo abierto y energizado. Su mejora personal y el logro de su ser superior es un trabajo perpetuo en progreso. Este capítulo tratará una variedad de métodos para mantener el chakra del tercer ojo saludable.

Afortunadamente, estos métodos y técnicas pueden ser fácilmente incorporados en su estilo de vida. La idea es que cualquiera de estos métodos que usted elija adoptar, deben convertirse en hábitos que van de la mano con la meditación. El resultado será una poderosa y efectiva rutina que le permitirá nutrir su asombroso tercer ojo continuamente.

Chakra del Tercer Ojo: Alimentos nutritivos

El chakra del tercer ojo está relacionado con el reino espiritual más que con el físico. Esto puede llevarlo a pensar que no está influenciado por sus actividades físicas, es decir, la comida que come. De hecho, hay una serie de "súper alimentos" específicos que pueden mantener el chakra del tercer ojo equilibrado y desbloqueado. Comer una combinación de estos alimentos mantiene su intuición fuerte, y su percepción abierta.

Además, el tercer ojo resuena con la belleza. Crea o no, la forma en que organiza su comida en el plato, y la integración de diferentes colores puede realmente traer alegría a su tercer ojo. Por suerte, la lista de alimentos que promueven la salud del chakra del tercer ojo es larga y variada, con algo para cada uno. No es necesario seguir una dieta restrictiva o privarse de ninguna manera. Solo asegúrese de comer lo más que pueda de los siguientes alimentos:

1. **Los alimentos de color índigo, violeta y púrpura** son buenos para la glándula pineal y, a su vez, para el chakra del tercer ojo. También son excelentes para regular la presión sanguínea y son poderosos antioxidantes que mantienen a su cerebro en un estado óptimo de salud. Estos incluyen:

- La berenjena.
- Uvas moradas.
- Arándanos.
- Higos.
- Col morada.
- Ciruelas pasas.
- Ciruelas.
- Cebollas moradas.
- Uvas pasas.
- Repollo morado.
- Moras.

Se dice que los pigmentos de color de estos alimentos representan los sueños, los pensamientos internos y la armonía interna con el universo.

2. **El chocolate oscuro** aumenta la claridad del cerebro y contiene serotonina, una hormona que mejora el estado de ánimo. Intente tomar un trozo antes de meditar para aumentar su concentración y mejorar su disfrute.

De hecho, tome todo el chocolate negro que quiera cuando esté en el proceso de despertar el chakra del tercer ojo.

Nota: La palabra clave aquí es chocolate "oscuro", no chocolate con leche o blanco.

3. **Los frutos secos y las semillas** son conocidos por ser poderosos nutrientes para el cerebro que ayudan a la concentración y la claridad. Las semillas de calabaza y las almendras se recomiendan específicamente.

4. **El pescado** contiene ácidos grasos Omega-3, otro gran nutriente cerebral que mejora la atención y la concentración. Intente comer pescado al menos dos veces por semana cuando esté trabajando en la apertura del tercer ojo y una vez por semana después de eso.

5. **Las hierbas y especias** mantienen la salud del sistema nervioso y mejoran los sentidos. Las semillas de amapola, artemisa, enebro, romero y menta son especialmente potentes. La cúrcuma se ha utilizado desde la antigüedad también para promover la salud general del cerebro.

6. **Beber mucha agua** es algo que todos sabemos que debemos hacer, pero ¿cuántos de nosotros realmente recordamos beber suficiente durante el día? Es importante mantener el cuerpo hidratado a lo largo del día para mantener la mente clara y concentrada. El agua es también la mejor manera de ayudar al cuerpo a eliminar regularmente las toxinas. Siempre beba un vaso de agua antes de meditar.

En general, una dieta sensata y saludable que contenga muchas frutas frescas, verduras y grasas saludables mantendrá todo el sistema de chakras abierto y equilibrado, y le permitirá gozar de una mejor salud.

El ejercicio físico y la naturaleza

Esto es algo obvio. Un cuerpo sano es igual a una mente sana, lo que conduce a un sistema de chakras equilibrado. Puede que usted ya esté practicando algún tipo de ejercicio físico o participando en un deporte específico, lo cual es genial.

Cualquier forma de ejercicio mantendrá la energía fluyendo y sus chakras equilibrados. Sin embargo, es posible que desee considerar las siguientes actividades físicas que están específicamente en armonía con la salud del tercer ojo:

Baile. La danza aumenta la creatividad y la percepción mientras que también tonifica el cuerpo. Cualquier forma de danza es beneficiosa para la salud del tercer ojo, incluyendo los aeróbicos de estilo danza.

Gimnasia. Los ejercicios que desafían el equilibrio y la coordinación son excelentes para equilibrar los chakras.

Yoga. El yoga es, de lejos, el mejor ejercicio físico para el tercer ojo. Esto se debe a que los movimientos y posiciones del yoga están específicamente orientados a abrir el sistema de chakras y permitir un flujo de energía sostenido entre todos los chakras. También promueve la flexibilidad física y tonifica el cuerpo. Considere la posibilidad de tomar una clase de yoga para principiantes si esto le resulta útil.

La naturaleza. Cualquier tipo de ejercicio que usted pueda practicar al aire libre en la naturaleza es maravilloso para la salud de los chakras del tercer ojo. Caminar, nadar, escalar, pasear por la naturaleza y montar en bicicleta son las actividades perfectas para promover la salud física y espiritual. Conseguirá el beneficio del aire fresco, la paz interior de la comunión con la naturaleza, y un buen entrenamiento para sus músculos.

Lleve un diario de sueños

Tener sueños psíquicos es uno de los signos más significativos de que su tercer ojo está abierto. Cuando se despierta, envía vibraciones a través de su sistema que permiten al cuerpo físico separarse del acto de soñar, permitiendo que los sueños vengan directamente del tercer ojo.

Mientras que algunas personas pueden recordar sus sueños muy vívidamente, otras solo recuerdan detalles vagos o no pueden recordar sus sueños en absoluto.

Sin embargo, el despertar del tercer ojo suele hacer que la experiencia del sueño sea más vívida, por lo que usted puede esperar recordar sus sueños con bastante claridad.

Llevar un diario de sueños le permitirá controlar sus sueños para reconocer cualquier mensaje o símbolo significativo. Revisar el contenido y el desarrollo de sus sueños también le ayudará a separar los sueños normales de los psíquicos.

Sueños normales vs. psíquicos

A menudo, nuestros sueños no tienen sentido. Los sueños psíquicos son cuando se nos dan mensajes claros de nuestro tercer ojo sobre ciertas personas o eventos futuros. Busque lo siguiente en sus sueños:

- Cosas que tengan un fuerte simbolismo o significado para usted. Esta es la forma en que el tercer ojo le alerta de que el sueño es diferente.

- Los sueños psíquicos son sorprendentemente vívidos. Puede recordar cada detalle con claridad. La próxima vez que usted tenga un sueño tan vívido, podría muy bien ser un mensaje de otro reino.

Es por eso que llevar un diario de sueños puede ser extremadamente útil. Es una gran manera de revisar la progresión de sus sueños mientras su chakra del tercer ojo se despierta. Usted aprenderá a reconocer los patrones de los sueños y analizar los sueños que no se ajustan al patrón, ya que pueden contener mensajes.

Llevar un diario de sueños requiere unos minutos de su tiempo cada mañana. Tan pronto como se despierte, registre los sueños que recuerde de la noche anterior. Intente recordar tantos detalles como sea posible.

Para cada sueño, anote cualquier simbolismo personal que crea importante y lo que crea que significa.

En los días en que no pueda recordar sus sueños, simplemente anote la fecha sin una entrada.

Cada semana o dos, revise sus entradas y busque patrones en sus sueños, símbolos recurrentes y posibles mensajes.

Luz índigo

La luz índigo es la luz asociada con el chakra del tercer ojo. También es llamado Azul Real. El índigo es el color de la sabiduría interior y el conocimiento profundo y nos abre a experimentar dones espirituales especiales.

Para nutrir el chakra del tercer ojo con la luz índigo, debemos recurrir a la noche. Una noche estrellada o de luna es la mejor manera de exponer todo el cuerpo a este poderoso color. Mirar las estrellas, la luna y meditar bajo el cielo nocturno son formas ideales de disfrutar del milagroso poder de la luz índigo.

Usando los colores del tercer ojo en su casa

El color índigo es una combinación de los dos colores violeta y azul profundo. Rodearse de estos colores en su casa (y en su oficina u otro espacio personal) asegurará que su tercer ojo esté constantemente expuesto a sus colores asociados y a sus vibraciones curativas en todo momento. Esto mantendrá el chakra del tercer ojo desbloqueado y saludable porque si lo recuerda, ama la belleza y reconoce sus colores asociados como hermosos.

Incorpore tonos de índigo, púrpura y azul en la decoración de su casa donde pueda. Esto puede ser en el arte de la pared, alfombras, almohadas, cortinas o colchas. Si naturalmente usted ama estos colores, puede incluso usarlos en los muebles o como los colores de las paredes.

Considere los ritmos binaurales

Los ritmos binaurales son bandas sonoras diseñadas específicamente para ayudar al cerebro a entrar en un estado de longitud de onda específico. Usted debe escucharlos a través de los auriculares. Las pistas están diseñadas para enviar un tono o frecuencia de sonido específico al oído derecho y un tono diferente al oído izquierdo.

Los dos tonos trabajan juntos para ayudar a su cerebro a establecerse en la longitud de onda deseada. Su cerebro actualmente procesa las dos frecuencias y luego crea una tercera frecuencia, que es el ritmo binaural.

Los ritmos binaurales se usan para aumentar la concentración del cerebro, incrementar la productividad, y aliviar la depresión y la ansiedad, y para promover una mejor calidad de sueño. La investigación sobre esta forma de "terapia de sonido", si se quiere, es bastante inconclusa.

Sin embargo, tal vez quiera probar los ritmos binaurales. Los usuarios han reportado una mejor calidad de sueño y alivio del estrés y la ansiedad. Los ritmos binaurales pueden ayudar a promover la energía del chakra del tercer ojo simplemente permitiendo que el cerebro vibre a una frecuencia más tranquila. Es muy poco probable que los ritmos binaurales sean muy beneficiosos por sí solos, pero tomados en combinación con la meditación y otras técnicas, pueden ser perfectos para usted.

La mejor manera es experimentar con diferentes frecuencias y ver qué sucede. Hay una variedad de pistas disponibles en línea, así como aplicaciones de ritmos binaurales, que son bastante baratas.

También puede incorporar el índigo, el azul oscuro y el púrpura en su armario y usar joyas que contengan piedras preciosas o semipreciosas de estos colores. La plata es el metal que mejor resuena con el tercer ojo, así que la joyería de plata incrustada con estas piedras es una buena elección.

Aromaterapia

Los aceites esenciales son maravillosos en muchos niveles. Los escépticos los ven como una especie de perfume glorificado, pero en realidad, la ciencia ha confirmado sus propiedades terapéuticas a través de cientos de estudios. Los nervios olfativos están directamente conectados al cerebro y cuando se inhalan los aceites esenciales, se transmiten muy rápidamente a la zona, donde sus propiedades curativas surten efecto muy rápidamente.

Los aceites esenciales tienen cualidades calmantes, energizantes y de alivio del dolor que van desde calmar la ansiedad, aliviar la depresión y promover el sueño, hasta aumentar la concentración, entre otras cosas.

No hace falta decir que ciertos aceites esenciales son extremadamente beneficiosos para la salud del chakra del tercer ojo. Sus maravillosas fragancias limpiarán, nutrirán y equilibrarán, mientras llenan su hogar con una sutil fragancia que a todo el mundo le encantará. Pruebe los siguientes aceites esenciales:

- Nuez moscada.
- Sándalo.
- Mirra.
- Toronja.
- Lavanda.
- Manzanilla.

Cómo usar los aceites esenciales

- Los aceites esenciales se pueden usar en un difusor para que se inhale el aroma.
- Pueden ser usados en un baño caliente para una experiencia refrescante y relajante.
- Intente rociar la ropa de cama con una ligera neblina de aceite esencial, para que pueda inhalar la fragancia mientras duerme. También puede colocar un algodón empapado en unas gotas de aceite en su mesita de noche.
- Utilice los aceites esenciales durante la meditación para una experiencia más profunda.
- Utilice unas pocas gotas en la parte interior de sus codos. Su fragancia permanecerá con usted durante la mayor parte del día.
- Ponga una gota de aceite esencial directamente en el chakra del tercer ojo.
- Puede combinar dos o tres de los aceites mencionados anteriormente para obtener una mayor variedad. Juegue y mire cuáles resuenan más con sus sentidos.

Nota: utilice siempre un aceite portador cuando utilice los aceites esenciales directamente sobre la piel y tenga mucho cuidado de que no le entre en los ojos.

Considere la posibilidad de hacer yoga

Tocamos el tema del yoga a la ligera en una sección anterior. El yoga es un vasto reino que consiste en varias escuelas y prácticas.

Sin embargo, si desea considerar el yoga como un tema adicional, aquí están los fundamentos que usted necesita saber:

- El yoga se ha utilizado desde la antigüedad para sanar, abrir y equilibrar el sistema de chakras.
- Hay posiciones específicas de yoga o "asanas" que se utilizan para abrir y desbloquear el chakra del tercer ojo. La mayoría de estos asanas pueden ser practicadas por principiantes.

Hay docenas de técnicas sencillas de yoga para principiantes en YouTube: entonces, en lugar de apresurarse a inscribirse en una clase, intente practicar junto con algunos de estos videos. (Busque posturas de yoga diseñadas para abrir el chakra del tercer ojo). Si cree que el yoga es algo en lo que puede iniciarse, considere una clase para principiantes.

Utilizar cristales y piedras para la curación del chakra del tercer ojo

Los cristales y las piedras contienen energía vibratoria que resuena en los distintos chakras. Utilice los cristales y piedras en los colores asociados con el chakra del tercer ojo para mejorar la intuición y nutrir el ojo de su mente con energía de limpieza.

Se recomiendan las siguientes piedras y cristales:

Amatista. Esta preciosa gema se ha usado tradicionalmente para curar el chakra del tercer ojo. También se cree que aumenta la sabiduría.

Sodalita. Esta piedra azul oscura estimula la glándula pineal y ayuda a desarrollar los dones psíquicos. También promueve la intuición y la claridad.

Fluorita púrpura. Esta es una piedra semipreciosa que promueve la claridad de pensamiento y aumenta la intuición.

Cianita índigo. Esta piedra contiene una poderosa energía para la glándula pineal y ayuda a desarrollar los dones psíquicos. También trabaja para equilibrar y alinear todo el sistema de chakras.

Obsidiana negra. Este hermoso cristal se utiliza para promover el equilibrio del chakra del tercer ojo.

Lapislázuli. Esta hermosa piedra es perfecta para usar en joyería, como aretes o anillos. Contiene maravillosas propiedades curativas para el chakra del tercer ojo y también calma la mente.

Moldavita. Esta es una piedra semipreciosa de color verde oscuro. Aunque no está directamente relacionada con el chakra del tercer ojo, su energía vibratoria ayuda a aclarar los pensamientos negativos y a limpiar todos los chakras.

Azurita. Esta es otra piedra azul que ayuda a desarrollar habilidades psíquicas. También ayuda a promover estados meditativos profundos y es bueno tenerla en la mano o tenerla a su lado cuando medita.

Las piedras y los cristales pueden ser usados en joyas o llevados en su bolsillo o bolso, sostenidos en su mano o colocados directamente en el chakra del tercer ojo durante la meditación.

Usted puede comprar cristales no preciosos de color púrpura e indio y colocarlos en tazones alrededor de su casa o en su oficina. Colóquelos en su chakra del tercer ojo durante unos minutos incluso cuando no esté meditando, para disfrutar de su energía curativa.

Practique las afirmaciones

Las afirmaciones son declaraciones que usted se repite a sí mismo para potenciar su mente y reemplazar las creencias limitantes por otras positivas. Se dirigen a cualquier área de su vida que desee mejorar, como la confianza en sí mismo, las adicciones a la comida, el exceso de pensamiento y la productividad, entre otras cosas. De la misma manera, las afirmaciones positivas pueden ser usadas para sanar, nutrir y potenciar el chakra del tercer ojo y expandir su conciencia.

Las afirmaciones básicamente funcionan para reconfigurar su cerebro. Cuando se repiten una y otra vez, el cerebro aprende a creer que son verdaderas. Crea vías neuronales relacionadas con estas afirmaciones, que percibe como verdades. El cerebro entonces actúa sobre esas verdades, cambiando su percepción y comportamiento. Este es un proceso llamado neuroplasticidad, donde el cerebro literalmente aprende a imponer una cierta creencia, y desencadenar sus acciones y emociones en consecuencia. Basta decir que las afirmaciones no son una moda falsa, sino herramientas muy poderosas que se utilizan en muchos campos de la psicoterapia, así como en varios programas de rehabilitación.

Las afirmaciones tienen tres reglas básicas que deben ser seguidas:
• Deben declararse en voz alta. No necesariamente a todo volumen. Susurrarlas a uno mismo está bien; siempre y cuando se pronuncien físicamente.
• Deben declararse con convicción.
• Siempre deben estar en tiempo presente (y a veces en tiempo futuro), pero nunca en tiempo pasado.

Algunos proponentes enfatizan que las afirmaciones deben ser declaradas mientras se está frente a un espejo y se mira a los ojos. Sin embargo, esto no está tallado en piedra y, comprensiblemente, puede resultar demasiado incómodo para algunas personas. Si usted es nuevo en las afirmaciones, espere sentir alguna incomodidad al principio. Solo apéguese a ella, y pronto aprenderá a repetirlas con propósito y completa convicción.

En el chakra del tercer ojo, las afirmaciones deben centrarse en la espiritualidad, la intuición y el entendimiento. Aquí hay algunos ejemplos:

"Sigo mi intuición y sé que me llevará a mi propósito superior".
"Soy perspicaz e intuitivo".
"Siempre vivo en el momento presente".
"Confío completamente y permito que mi ojo interno me guíe".
"Con cada día, mi ojo interno se vuelve más poderoso".
"Permito que mis dones internos vengan libremente a mí".
"Me siento más poderoso cuando mi tercer ojo florece".
"Expando mi conciencia a través de mi tercer ojo".
"Nutro mi espíritu".
"Estoy abierto a la sabiduría de mi tercer ojo".

"Confío en que mi vida se desarrolla exactamente como debería".
"Estoy alineado con la sabiduría universal divina".
"Honro mi intuición".
"Libero todas las ilusiones".
"Estoy conectado con mi ser superior".
"Cada día, estoy mejorando mis dones y habilidades psíquicas".
"Tengo una completa claridad mental en todo lo que hago".

Estos ejemplos deben dar una idea de cómo se deben decir las afirmaciones. Elija tres o cuatro y asegúrese de repetirlas siempre que pueda a lo largo del día, cuanto más a menudo, mejor. Póngalas en su nevera o en el escritorio de su ordenador, donde pueda verlas con frecuencia y recuerde repetirlas. Repita las afirmaciones que ha elegido durante una semana, luego elija una nueva lista para repetirla durante otra semana, y así sucesivamente. Y por supuesto, siéntase libre de escribir sus propias afirmaciones para trabajar en las áreas que considere importantes para usted.

Conclusión

Experimente con las técnicas adicionales discutidas en este capítulo o con todas ellas para hacer su transformación más poderosa. Algunas de las técnicas como la dieta y el ejercicio son de sentido común. Otras, como el yoga y las afirmaciones, requieren práctica y compromiso. Pero todas ellas son poderosas adiciones a su rutina de meditación y ejercicio y no son difíciles de adoptar como parte de su estilo de vida. Sea creativo, diviértase experimentando con aceites esenciales y cristales, disfrute de una relajante velada al aire libre observando las estrellas, y dé rienda suelta a su creatividad añadiendo colores del chakra del tercer ojo a su casa y a su armario. Y en el proceso, sorpréndase con los cambios que comenzará a experimentar.

Capítulo seis: Equilibrando los siete chakras

El chakra del tercer ojo no funciona completamente aislado. Es parte del sistema general de chakras que atraviesa nuestros cuerpos. La buena salud de todo el sistema de chakras es por lo tanto vital si queremos despertar el tercer ojo con éxito.

Siglos antes de que se conociera la ciencia, las culturas antiguas entendían que todos los seres vivos tenían una fuerza vital que fluía a través de ellos. La fuente de esta energía cósmica o fuerza vital era el sistema de chakras. Esta energía cósmica o fuerza vital se llama "prana". Las culturas antiguas creían que los chakras trabajaban juntos para regular el flujo del prana. Los chakras derivan esta fuerza vital de la energía divina del cosmos, que los recarga continuamente.

Los siete chakras son centros de energía no física que corren verticalmente a lo largo del cuerpo como un circuito, a través del cual fluye la energía cósmica.

¿Cuál es el propósito de los siete chakras?

Los siete chakras están alineados desde la parte superior de la cabeza hasta la base de la columna vertebral. Su función es conectar el cuerpo físico con el cuerpo espiritual regulando el flujo de la energía cósmica a través de una red de meridianos.

¿Por qué equilibrar los chakras?

Nuestro cuerpo y nuestra mente son interdependientes. Ambos están influenciados por nuestra propia energía. El sistema de chakras es una brillante compartimentación de los campos de energía prana que puede afectarnos física y emocionalmente. Por eso los chakras necesitan estar alineados y equilibrados.

El estrés, la ansiedad, los problemas emocionales y de salud pueden causar que los chakras se bloqueen, de modo que el prana ya no puede moverse libremente entre los chakras. Como resultado, podemos experimentar muchos síntomas de este desequilibrio, tales como aislamiento emocional, depresión, creatividad sofocada y rigidez mental, además de varios problemas físicos.

Mantener los chakras abiertos y equilibrados permite que el prana fluya libremente por el cuerpo, manteniéndolo sano física y espiritualmente. Aprender sobre los chakras le permitirá estar en sintonía con los signos y síntomas de que uno o más de ellos están bloqueados, y lo que puede hacer para equilibrarlos.

Los siete chakras

Al igual que el chakra del tercer ojo, se cree que los otros seis tienen funciones y asociaciones específicas dependiendo de su ubicación.

El Primer Chakra: Chakra Raíz (Muladhara)

En sánscrito, la palabra "mula" significa "raíz", mientras que la palabra "adhara" significa "soporte". Se encuentra en la base de la columna vertebral, y su función es "arraigar" o conectar su energía con la tierra. En otras palabras, le mantiene conectado a tierra, y esto es muy acertado.

El chakra de la raíz está asociado con la supervivencia básica. Esto significa comida, agua, refugio y ropa a un nivel muy básico, para protegerse de los elementos. Hoy en día, podríamos añadir a eso la seguridad financiera, la seguridad de la carrera profesional, y la salud. Cuando el chakra de la raíz está equilibrado, le da una sensación de seguridad y gratitud por todas las cosas materiales que tiene y que le hacen sentirse seguro y cómodo. Cuando está bloqueado o hiperactivo, el resultado es miedo, preocupación, inseguridad y pánico irracional por la supervivencia.

El chakra de la raíz está asociado con el color rojo.

El Segundo Chakra: Sacro (Svadhisthana)

La traducción al sánscrito es "lugar del yo", y simboliza su identidad y todas las diferentes formas en que expresa esa identidad. La función de este chakra es enriquecer su vida activando y reforzando su creatividad. Es la fuente de un prana creativo que le permite divertirse y disfrutar de los placeres de la vida.

Cuando este chakra está equilibrado, usted disfrutará de todas las cosas buenas que la vida tiene para ofrecer; la amistad, una rica vida social, buena comida, música y arte.

Si se bloquea, puede que se sienta sin vida y sin energía y vitalidad. Si es hiperactivo, puede que se exceda, especialmente en la comida, lo que puede llevar a un atracón o a la obesidad. El chakra es normalmente la raíz de muchos tipos de adicciones también, cuando se vuelve hiperactivo.

El chakra sacro se encuentra directamente debajo del ombligo y se extiende hasta la mitad del estómago. Está asociado con el color naranja.

El Tercer Chakra: Plexo Solar (Manipura)

En sánscrito, Manipura significa "gema lustrosa". Aquí es donde reside su fuerza interior, su resistencia y su confianza en sí mismo. El chakra del plexo solar le alimenta con la confianza y la fuerza para superar la adversidad y evitar situaciones dañinas o desagradables. Es básicamente el asiento de su resiliencia.

Cuando este chakra está bloqueado, tendemos a volvernos indecisos, abrumados e incapaces de hacer frente a situaciones difíciles. Cuando está hiperactivo, puede haber una tendencia a ser demasiado confiado, a tomar decisiones precipitadas, o a precipitarse de frente a las cosas sin pensarlas bien.

Se encuentra en el centro del vientre y se asocia con el color amarillo.

El Cuarto Chakra: Corazón (Anahata)

La traducción sánscrita de anahata es "ileso". La función de este chakra es fomentar sus sentimientos de amor, compasión, amabilidad y empatía. También se asocia con la salud física y mental, así como con la curación.

Como chakra del medio, tiene un significado especial; conecta los chakras inferiores asociados con el reino físico, con los chakras superiores asociados con el reino espiritual.

Cuando el chakra del corazón está equilibrado, todo está bien consigo y con el mundo. Usted está en perfecta armonía con el universo, e irradia amor, tolerancia y bondad a todos los que le rodean.

Los síntomas de un chakra del corazón desequilibrado incluyen el egoísmo y una tendencia a la indulgencia excesiva. También puede crear sentimientos de celos y envidia. A nivel físico, las palpitaciones cardíacas, la acidez frecuente, las atracciones poco saludables y las relaciones destructivas son síntomas de desequilibrio.

Se encuentra en el centro del pecho, exactamente encima del corazón físico, y su color asociado es el verde.

El Quinto Chakra: Garganta (Vishuddha)

Vishuddha significa literalmente "muy puro" en sánscrito. Simboliza la voz de su yo superior y su verdad. Le permite ser honesto sin miedo y siempre decir la verdad. También se relaciona con la expresión del pensamiento y le permite hablar de forma articulada y con conocimiento de causa.

Cuando el chakra de la garganta no está en equilibrio, podemos sentirnos insignificantes, no escuchados o ignorados. Tener problemas para articular las palabras adecuadas en una situación dada es otro síntoma de desequilibrio. Los síntomas físicos incluyen infecciones de la garganta y problemas con los dientes, las encías y los senos nasales. A veces, este chakra puede volverse hiperactivo, en cuyo caso, una persona puede hablar demasiado alto o tener tendencia a interrumpir a los demás.

Como su nombre lo indica, se encuentra en el área de la garganta, y su color es azul.

El Sexto Chakra: Tercer Ojo (Ajna)
¡No hay necesidad de más detalles aquí!

El Séptimo Chakra: Corona (Sahaswara)
La traducción del sánscrito es "mil pétalos", y simboliza la energía pura espiritual y consciente. Se cree que es la fuente de conexión con el cosmos. Este chakra sagrado se representa comúnmente como una flor de loto.

No es fácil conseguir un chakra de la corona perfectamente equilibrado. De hecho, es imposible abrirlo completamente según las filosofías antiguas, porque los niveles de conciencia que abre están más allá de la capacidad humana.

El chakra de la corona está asociado con una conciencia extremadamente elevada, la liberación de creencias limitantes, sentimientos de dicha y éxtasis, y comunión con lo divino. La escuela filosófica tántrica cree que el chakra de la corona nos conecta con lo eterno. Es el punto de conexión entre el presente, el futuro y el infinito.

Los síntomas de un chakra de la corona bloqueado incluyen depresión, codicia, disociación, una personalidad dominante y comportamiento destructivo. Los síntomas físicos incluyen trastornos de la glándula pituitaria, fatiga crónica, pérdida de cabello y migraña. Las manifestaciones más graves pueden incluir tumores cerebrales y cáncer. Existe la teoría de que un chakra de la corona bloqueado también puede manifestarse en tendencias ateas y el rechazo de todo lo espiritual y divino.

Sin embargo, equilibrar el chakra de la corona es totalmente posible e importante para mantener los otros chakras alineados.

Está situado en la parte superior de la cabeza, y su color es el violeta.

Señales y síntomas de un sistema de chakras bloqueado
Obviamente, una obstrucción en uno o varios chakras puede afectar su flujo de energía. Es esencial trabajar en la curación de los

chakras individuales que manifiestan los síntomas mencionados anteriormente, ya que indican un bloqueo grave o hiperactividad. Pero a veces, todo el sistema de chakras puede necesitar una puesta a punto para reequilibrar y sincronizar todos los chakras.

Los síntomas pueden variar dependiendo de qué chakra necesita atención particular, pero las siguientes son señales generales de advertencia de que sus chakras requieren atención.

- Dificultad para expresar y articular los sentimientos.
- Inseguridad personal y financiera.
- Dificultad para abrirse en una relación.
- Dolor de hombro.
- Mala imagen de sí mismo.
- Poca confianza en sí mismo.
- Problemas digestivos.
- Problemas de peso.
- Fatiga crónica.
- Miedo al rechazo.
- Codicia excesiva.
- Dificultad para ser asertivo.
- Problemas linfáticos.
- Depresión.
- Hipersensibilidad a la luz y al sonido.
- Problemas hormonales.
- Sentimientos de aislamiento y soledad.
- Celos excesivos.
- Infecciones de garganta.
- Falta de motivación.
- Excesivo pesimismo y cinismo.

Equilibrando los siete chakras

Si usted reconoce un síntoma de un chakra desequilibrado, es una buena idea trabajar en él como parte del despertar general del tercer ojo. Aquí hay algunos pasos básicos, pero efectivos, para equilibrar cada chakra:

Equilibrando el Chakra Raíz

- Consiga tanta seguridad como pueda en relación con sus medios de supervivencia, como ahorrar para el futuro, pagar las facturas a tiempo y asegurarse de que tiene las necesidades básicas. Esto suena bastante mundano, pero recuerde, este chakra está relacionado con su supervivencia en la tierra.

- Las meditaciones del tercer ojo que usted ha aprendido aquí le serán útiles, porque conectarse a uno de los chakras espirituales sanará y equilibrará el chakra de la raíz.

- Pasar tiempo en la naturaleza también calmará y abrirá el chakra de la raíz, que está estrechamente relacionado con la Madre Tierra. También se recomienda el cultivo de plantas, la jardinería, la recolección de bayas silvestres y otras actividades relacionadas.

Equilibrando el Chakra Sacro

- La moderación es la clave para equilibrar este chakra. Una dieta saludable y una rutina de ejercicios son la clave para curar y equilibrar este chakra. Complázcase y disfrute, pero con moderación.

- Disfrute de la vida a través de experiencias viajando, leyendo, tomando clases creativas, y yendo a galerías de arte. Esto ayuda a equilibrar el chakra sacro conectándolo con los más finos disfrutes de la vida.

- Haga tiempo para apreciar y pasar tiempo con sus seres queridos.

Equilibrar el Chakra del Plexo Solar

- Este chakra está estrechamente relacionado con el chakra del tercer ojo en sus asociaciones. Por lo tanto, equilibrar el tercer ojo tendrá un efecto positivo en el chakra del plexo solar. Se fortalecerá con la energía de la sabiduría y la verdad interna que emana del tercer ojo, causando que también se equilibre.

• Si usted tiene una tendencia a hablar en exceso o a interrumpir a los demás, elija un día para escuchar a los demás y haga una pausa para elegir sus palabras cuando hable.

• Haga una lista de todas las cosas en las que cree que es bueno y cree afirmaciones para fomentar su creencia en sí mismo.

Equilibrando el Chakra del Corazón

• Uno de los síntomas de un chakra del corazón desequilibrado es ser demasiado desinteresado o demasiado egoísta.

• Si usted pasa demasiado tiempo haciendo cosas para otros, use algo de ese tiempo para nutrirse y amarse a sí mismo. Salga a comer con amigos, pase el día en un spa, o simplemente tome un baño caliente con unas gotas de aceite esencial que cura los chakras. Si tiene la tendencia a ser un poco egoísta, practique salir de su camino para ser amable con los demás, sonría a los extraños en la calle o haga cumplidos a los colegas, pero debe ser sincero al respecto.

Equilibrando el Chakra de la garganta

• Practique la expresión de sus emociones con calma y articuladamente.

• Sea sincero con los demás; no haga falsos cumplidos ni diga mentiras piadosas.

• Practique hablar con claridad, incluso si es consigo mismo.

Equilibrando el Chakra de la Corona

No hay una forma específica de equilibrar este chakra, ni puede volverse hiperactivo. Esto se debe a que los poderes asociados a él son realmente demasiado altos para afectarnos como seres humanos. Este chakra simplemente no puede abrirse completamente, aunque muchos espiritistas apasionados han hecho de esto su objetivo en la vida.

Dicho esto, usted necesita mantener el chakra de la corona sano, equilibrando los otros y trabajando en su desarrollo espiritual, como la apertura del tercer ojo.

Puede trabajar más en el equilibrio de los chakras usando los otros métodos discutidos aquí, incluyendo la meditación, las afirmaciones, y el uso de los cristales, colores, alimentos y aceites esenciales asociados.

Qué se puede esperar

Lo que usted experimentará una vez que todos sus chakras estén alineados es nada menos que asombroso. Aquí hay algunas de las cosas que puede esperar:

- Sentirse profundamente relajado.
- Tener más energía.
- Tener una mente tranquila, y ser capaz de pensar más claramente.
- Sentirse más optimista sobre el futuro.
- Una sensación de expansión y apertura.
- Reducción del miedo y la ansiedad.
- Mejor estado de ánimo.
- Mejora de los dolores y molestias.
- Aumento de la percepción.
- Mejor sueño.
- Una sensación de estar en armonía con la vida.

Meditaciones básicas para equilibrar y alinear los chakras

Estas son dos de las meditaciones más fáciles y comunes para alinear el sistema de chakras y mejorar rápidamente el bienestar general.

Meditación 1

- Siéntese cómodamente con la espalda recta. La posición de loto con las piernas cruzadas es ideal para esta meditación, pero una silla cómoda de espalda recta también está bien. Asegúrese de que sus piernas estén estiradas en una posición cómoda.

- Cuando esté completamente cómodo, comience a respirar lentamente, atrayendo el aire tan profundamente como pueda hacia su cuerpo.

- Concéntrese completamente en su respiración y siéntala moverse lentamente por su columna vertebral mientras inhala, hasta que llegue

al chakra de la corona. Siéntalo moverse de nuevo hacia abajo de su columna vertebral mientras exhala.
- Repita esta parte de la meditación veinte veces.
- Ahora, se detendrá y visualizará cada chakra. Comience en la base de su columna y el chakra de la raíz y visualice su color (rojo).
- Visualice la energía que fluye de su cuerpo hacia el chakra de la raíz y gradualmente llénelo hasta que brille en rojo brillante.
- Cuando esté listo, suba al chakra sacro y visualice la energía del prana llenándolo hasta que brille con su color asociado.
- Continúe la meditación con cada chakra y termine con el chakra de la corona.
- Puede elegir terminar la meditación en este punto o repetir la visualización, esta vez, bajando por la columna y terminando con el chakra de la raíz.
- Cuando usted haya terminado, conéctese a la tierra con unas pocas respiraciones profundas.

Meditación 2
- Acuéstese en un lugar tranquilo, ya sea en su cama, afuera en el pasto o en cualquier otro lugar donde se sienta tranquilo y en paz.
- Respire profundamente durante unos minutos, liberando toda la tensión y el estrés de su cuerpo.
- Establezca la intención, "Ahora voy a equilibrar y alinear mis chakras".
- Coloque una mano en el chakra de la raíz en la parte inferior de su columna vertebral y la otra mano en el chakra sacro por encima de él.
- Mantenga sus manos descansando en estos dos chakras hasta que sienta que la energía entre ellos se ha igualado. Esto puede ser una ligera sensación de calor o pulsación. Si no siente nada, no se preocupe. Solo mantenga las manos sobre los dos chakras hasta que sienta que está listo para seguir adelante.
- Manteniendo una mano en el segundo chakra, mueva su mano hasta el tercer chakra y repita.

- Continúe subiendo el sistema de chakras hasta que llegue al chakra de la corona.

- Continúe recostado allí, y después de unos minutos, debería experimentar una sensación de bienestar y un ligero cambio de energía en su cuerpo.

Conclusión

Todos sus chakras trabajan juntos para igualar e integrar su salud física, emocional y espiritual. Dedicar algo de tiempo a equilibrar sus chakras regularmente es un tiempo bien empleado. Usted sentirá los efectos de un sistema de chakras equilibrado y alineado casi de inmediato.

Manteniendo sus chakras equilibrados lo mantendrá en sintonía con su ser interior y aumentará su autoconciencia. Esta es la verdadera piedra angular de la felicidad y el bienestar interior.

Capítulo siete: Cómo leer las auras

El despertar de su tercer ojo abrirá la puerta a fascinantes dones espirituales. Esté preparado para recibir estos regalos con gratitud y alegría y úselos sabiamente. Uno de ellos es la capacidad de ver y leer las auras. Este es un poderoso regalo que se debe tener si se usa correctamente y con buenas intenciones.

¿Qué son las auras?

Cada criatura que respira oxígeno, incluyendo las plantas, tiene un aura. Esta ha sido la creencia tradicional, y ahora se ha demostrado científicamente.

Un aura es una energía magnética no física, que emana de un cuerpo y lo rodea en una especie de halo. Intente frotarse las manos vigorosamente durante unos minutos y juntar las puntas de los dedos. La ligera chispa de energía que usted siente es en realidad la energía de su aura. Al igual que se puede sentir, un aura también se puede ver.

Aunque la mayoría de las personas no pueden ver las auras, hay quienes pueden percibirlas como un campo vívido de energía que rodea el cuerpo. Un aura no se mueve, pero a veces puede verse vibrando sutilmente como si estuviera viva. Un aura típica con todas sus capas puede extenderse varios metros alrededor del cuerpo. En realidad, tiene siete capas diferentes que contienen información específica.

El aura no emana del cuerpo físico, pero se cree que es una forma de energía cósmica que es liberada por lo que se conoce como el "cuerpo sutil".

El aura humana puede describirse como una energía espiritual que refleja cómo se siente una persona física y emocionalmente en un momento dado.

La energía de un aura puede afectar y ser afectada por las auras de otras personas. ¿Alguna vez se ha sentado o parado al lado de un extraño que exudaba energía negativa de manera que se sintió agotado y deprimido? Si usted pudiera leer su aura, vería que, en efecto, esa persona está en un estado de ira o frustración y que su aura le está afectando. Por otro lado, algunas personas exudan una energía vibrante y optimista de modo que usted quiere estar a su alrededor. Esta energía positiva también se reflejaría en su aura. En algunos círculos espirituales, el término "vampiro de la energía" se utiliza para describir a las personas que se alimentan de la energía de uno y lo dejan sintiéndose negativo y exhausto. Estos son los constantes quejosos, los constantes críticos y los constantes pesimistas. A medida que su conciencia espiritual se expande, aprenderá a reconocer este tipo de personas por la forma en que le hacen sentir. La lectura de su aura también reflejará estas cualidades extremadamente negativas.

La energía de un aura puede cambiar de un día para otro, dependiendo del estado físico, mental y espiritual de la persona. El aura también refleja los rasgos de carácter de una persona, que son más o menos permanentes. Esto se puede leer a través del color o capa dominante del aura.

Debido a que la energía de las auras no es física, la habilidad de ver y leer las auras requiere de dones no físicos o clarividentes. El despertar del tercer ojo, por lo tanto, le permitirá ver las auras.

Las siete capas y colores de un aura

El primer contorno que aparece en un aura aparece como blanco o plateado, con una opalescencia lechosa. Este primer contorno no es el aura en sí misma, sino la energía que está siendo liberada por el aura. La primera de las siete capas del aura comienza donde termina esta capa blanca lechosa. La "envoltura" plateada del aura suele ser la más fácil y rápida de ver cuando se empieza a entrenar.

Las siete capas no son iguales en intensidad y tamaño. Cada capa se expande y contrae dependiendo de la salud espiritual, emocional y física de cada uno. Cada capa contiene información que puede ser "leída".

Cada capa del aura corresponde a uno de los siete chakras, que a su vez se relaciona con una energía específica. De hecho, se cree que los chakras mismos son la fuente de la energía del aura. Cada capa del aura también tiene un color correspondiente, pero como verá, el color del aura no coincide con el color del chakra. Las siete capas son:

Capa 1: El Aura Etérica

Esto corresponde al chakra de la raíz. Esta capa contiene información sobre el cuerpo físico. Refleja información sobre la salud física. Su color es azul y varios tonos de azul.

Capa 2: El Aura Emocional

Esto corresponde al chakra sacro, que se relaciona con los sentimientos y las emociones. Proporciona información sobre los bloqueos en este chakra; su color suele ser una combinación de arco iris brillante.

Capa 3: El Aura Mental

Esto corresponde al chakra del plexo solar y se relaciona con los pensamientos, las ideas y el conocimiento. Su color se ve como tonos brillantes de amarillo.

Capa 4: El Aura Astral

Esto corresponde al chakra del corazón, que refleja la salud emocional y espiritual. Si la salud espiritual y emocional es buena, sus colores aparecerán como una brillante combinación de arco iris. Si la salud espiritual es pobre, sus colores aparecerán descoloridos y monótonos.

Capa 5: El Aura de la Plantilla Etérica

Esta aura se relaciona con la información sobre el mundo físico y cómo procesamos la información sobre nuestro entorno material. Sus colores pueden variar.

Capa 6: El Aura Celestial

Esto corresponde al chakra del tercer ojo y se relaciona con el reino espiritual y los dones espirituales. Sus colores son una combinación de hermosos e incandescentes pasteles.

Capa 7: El Aura Causal/Cetérica

Esto corresponde al chakra de la corona. Se relaciona con la energía cósmica universal y es el vínculo con lo divino. Refleja la información sobre todas las experiencias del alma por las que ha pasado una persona. Su color aparece como hilos de oro brillante.

En una persona sana, el aura puede extenderse hasta una distancia de varios pies y será muy vibrante y vívida. En un estado no saludable, los contornos del aura son más estrechos, y sus colores apagados y descoloridos.

Esta información básica le ayudará a leer las auras, incluso la suya propia, y a comprender dónde puede haber un problema físico, espiritual o emocional consigo mismo o con los demás.

Lo que la ciencia nos dice sobre el aura humana

Se han hecho muchas afirmaciones sobre la captura de auras en películas, y la mayoría de nosotros hemos visto fotos que aparentemente muestran esto, aunque tal vez algunas de ellas son un engaño como los escépticos argumentan. Aunque la investigación en este campo es algo rara, la ciencia ha sido capaz de confirmar varios hechos sobre la naturaleza del aura humana.

En la Universidad de Tokio, un grupo de científicos realizó una serie de experimentos, donde pudieron capturar las auras con el uso de cámaras ultrasensibles. ¿La conclusión? Las auras son reales y existen.

El estudio también encontró que las auras de los participantes eran más visibles en el área de la cara, especialmente alrededor de las mejillas, la nariz, la boca y el cuello. (Aquí es donde quizás quiera enfocar cuando empiece a leer las auras).

Aunque la investigación está en curso, los posibles hallazgos podrían ser innovadores. Los científicos piensan que las zonas brillantes en ciertas partes del cuerpo podrían indicar un trastorno o enfermedad, lo que haría de la lectura del aura una herramienta de diagnóstico revolucionaria.

Es irónico que todavía exista un debate sobre si las auras realmente existen, dado que la antigua medicina oriental ha entendido desde hace mucho tiempo el papel de las auras y los chakras en la curación. De hecho, las antiguas tradiciones curativas entendieron brillantemente que al tratar con el correspondiente chakra problemático, es posible apuntar a la causa raíz de una enfermedad en lugar de solo tratar sus síntomas. Lamentablemente, la medicina moderna tiende a hacer lo contrario, donde, en muchos casos, los síntomas se alivian mientras la causa subyacente se deja sin tratar. Hoy en día, los tratamientos holísticos como la acupuntura, la terapia de reflejos faciales y de pies, y el Reiki se basan en estos antiguos métodos de encontrar y sanar la causa raíz a través del sistema de chakras.

El científico ruso Dr. Konstantin Korotkov, de la Universidad de San Petersburgo, está llevando a cabo algunos estudios fascinantes y únicos sobre la relación de los pensamientos y la energía (auras) humanas con el medio ambiente circundante. Es conocido por su trabajo titulado *Aura y Conciencia: Nueva Etapa de la Comprensión Científica*. Su investigación explora cómo la energía de nuestra aura puede extenderse al medio ambiente y afectar a las personas y otros seres vivos que nos rodean.

Basta decir que la investigación en este campo está en curso y el futuro parece prometedor. La ciencia está reconociendo finalmente que el reino espiritual invisible puede tener un inmenso potencial y beneficio para la humanidad.

¿Por qué aprender a leer auras?

Leer un aura significa que en realidad usted está leyendo la vibración de la energía liberada por la materia que está debajo de ella. En otras palabras, un aura problemática puede apuntar a un problema en el área del cuerpo a la que corresponde.

A nivel personal, la lectura de las auras puede beneficiar casi todas las áreas de su vida, ya sea social, profesional o personal. También le permitirá ayudar a otros de las siguientes maneras:

• Cuando usted es capaz de analizar la energía de alguien puede ayudarle a entender si está nervioso, angustiado, enojado o calmado y ser capaz de ajustar sus reacciones en consecuencia. Por ejemplo, si usted siente que una persona está angustiada o triste, no quiere añadir presión siendo exigente o crítico. Si una persona está enfadada, puede evitar desencadenar su ira. Si siente un problema en alguien cercano, escucharle con simpatía puede ser de gran ayuda. Es un poco como ser capaz de leer la mente.

• Entender por qué las personas se comportan de cierta manera le permitirá ser más tolerante y comprensivo con ellas. Esto mejorará enormemente sus relaciones en todos los niveles, ¡y le hará muy popular también!

• También puede llegar a las personas que cree que están luchando con ciertos problemas y sugerirles dónde radica el problema (a partir del color del aura o de su chakra correspondiente). Puede aconsejarles que busquen ayuda médica o psiquiátrica si es necesario.

• La lectura de su propia aura puede ayudarle a establecer prioridades en su vida, como ir de vacaciones, ir a un chequeo, aumentar ciertos alimentos en su dieta, o hacer más tiempo para cultivar las relaciones familiares.

• La lectura de su propia aura puede ayudarle a tomar mejores decisiones, como terminar una relación poco saludable o cambiar de carrera.

• Puede ayudarlo a cuidarse mejor.

- Puede mejorar las relaciones personales con la familia y los amigos.
- Puede mejorar las finanzas encontrando y tratando los desequilibrios en áreas de abundancia y gratitud.
- Fortalecerá su sentido de propósito.
- Le ayuda a liberar las experiencias dolorosas de su pasado.
- Le ayuda a desarrollar y hacer crecer sus otros dones psíquicos.
- Puede ayudarlo a liberar los sentimientos de que siente abrumado e impotente.

Ejercicios básicos para ayudarlo a leer las auras

Aprender a ver y leer las auras es bastante fácil para la mayoría de las personas, aunque requiere práctica. Puede entrenarse muy rápidamente para ver la primera capa del aura (normalmente un tono azul pálido) alrededor de las personas, las plantas e incluso los animales, ¡sí, también puede leer el aura de su mascota!

Sin embargo, ser capaz de ver y leer las otras seis capas del aura requiere una práctica un poco más seria y puede llevar más tiempo.

Usted no debería tener problemas para ser muy hábil en esta práctica una vez que su chakra del tercer ojo se despierte y se fortalezca.

Comience a entrenar con estos ejercicios básicos antes de intentar el verdadero:

Ejercicio 1: Ver su propia aura

- Póngase de pie ante un gran espejo. No tiene que ser necesariamente de cuerpo entero, pero al menos uno que refleje toda la mitad superior de su cuerpo. Nota: La habitación que elija debe tener paredes neutras.
- Lo ideal es que usted esté desnudo, pero si elige no estarlo, use ropa blanca, beige o gris claro.
- Mírese en el espejo y enfoque su visión periférica en un punto ligeramente por encima de su hombro. Si enfoca con suficiente intensidad, podrá ver el aura etérica alrededor de su cabeza e incluso alrededor de su cuello.

- Continúe mirando la energía de su visión periférica durante todo el tiempo que quiera.
- Si usted pierde el enfoque de su visión periférica, comience el ejercicio de nuevo hasta que el aura reaparezca.

Ejercicio 2: Ver la energía pránica en el cielo

Es un excelente ejercicio para entrenar la visión periférica y fortalecer la concentración.

- Este ejercicio se hace al aire libre en un momento en que el sol no es demasiado brillante, o en un día nublado.
- Siéntese o acuéstese en una posición cómoda y deje que su cuerpo se relaje unos momentos.
- Mire al cielo y deje que su mirada se desvíe a la distancia sin permitir que sus ojos se enfoquen en ningún punto específico.
- Continúe mirando sin enfocar durante uno o dos minutos.
- A continuación, enfoque su visión periférica.
- Debería ser capaz de ver puntos blancos y negros flotando en el cielo.
- Mientras sigue enfocando su visión periférica, siga uno de los puntos en movimiento.
- Continúe siguiendo el punto en movimiento por separado durante el tiempo que elija.
- Los escépticos afirman que esto es en realidad una ilusión óptica, pero no hay pruebas concretas que lo demuestren. En cualquier caso, es un buen entrenamiento para la visión periférica.

Cómo ver el aura de otra persona

Comience con algo sencillo. Las auras humanas son mucho más complejas que las de otros seres vivos. Una gran sugerencia es empezar de forma simple con una pequeña planta en su casa.

- Siéntese en una posición cómoda con la planta delante de usted y un fondo neutral detrás de ella. La luz en la habitación no debe ser demasiado brillante.
- Mire a un punto a unos diez centímetros por encima de la planta. Intente no dejar que sus ojos se desenfoquen.

• Dirija la visión de su tercer ojo a la planta: siéntala expandirse para rodear toda la planta mientras continúa mirándola sin cambiar su enfoque.

• El aura de la planta comenzará a aparecer.

Nota: Las auras de las plantas no contienen colores porque las plantas carecen de las complejidades físicas y emocionales de los humanos. El aura simplemente aparecerá como un tenue brillo sin colores.

Practique este ejercicio con plantas de diferentes tamaños hasta que sea fácil enfocar y ver sus auras.

Practique consigo mismo. Practique consigo mismo con el ejercicio del espejo descrito en la última sección. El primer paso es ser bueno para ver la primera capa de su aura, como en el ejercicio. Este será un tenue brillo incoloro que rodea su cabeza y su cuerpo. Esta será siempre la capa más fácil de ver.

El siguiente paso es empezar a percibir las otras capas de su aura. Amplíe su enfoque hacia afuera y continúe mirando atentamente hasta que también pueda ver las otras capas de su aura.

Este paso más difícil requiere de una práctica e intención dedicadas. En cuanto usted practique, más fácil será percibir su propia aura, y más vívidas aparecerán las diferentes capas.

Practique con los miembros de la familia y los amigos. Cuando se sienta lo suficientemente hábil, empiece a practicar con otras personas, empezando por un miembro de la familia o un amigo. Haga que la persona se siente delante de usted y repita los mismos pasos que hizo para ver su propia aura, excepto que esta vez usted mira un punto sobre el hombro de la otra persona. Debería ser capaz de percibir su aura.

Consejos importantes

• No espere convertirse en profesional de la noche a la mañana. Mientras que algunas personas son capaces de aprender a ver las auras más rápidamente que otras, la norma es que este proceso lleva tiempo y práctica. No se desanime, y mantenga su intención fuerte.

- No espere ver los colores del aura de inmediato. Una vez más, esto requiere muchas horas de práctica. Sin embargo, la primera vez que usted sea capaz de percibir ese tenue brillo inicial alrededor del cuerpo de otra persona, asegúrese de que está progresando.
- Trate de no parpadear, ya que esto "reajustará" completamente su enfoque cuando sea un principiante. Con el tiempo, usted será capaz de seguir viendo el aura sin importar cuantas veces parpadee.

Fondo e iluminación

Algunos principiantes encuentran más fácil ver las auras en una habitación oscura, así que juegue con la iluminación para ver qué es lo mejor para usted. Además, tener a sus sujetos sentados frente a un fondo blanco o negro generalmente hace más fácil ver sus auras.

Pregúntele a las personas antes de leer sus auras

Nunca debe leer el aura de una persona sin pedirle permiso primero. Algunas personas pueden sentirse incómodas con la idea y rechazarlo, mientras que otras pueden encontrar la idea fascinante. Leer el aura de alguien es una invasión de su privacidad, así que es ético pedirle permiso primero.

Medite a menudo en su tercer ojo

Recuerde, la clarividencia es un nuevo y asombroso regalo que está descubriendo en su interior. No solo requiere práctica y paciencia, sino también que usted mantenga su tercer ojo nutrido y en óptima salud.

Leyendo las auras y los significados de los colores

Cuando usted se vuelve hábil para ver las auras, podrá ver las diferentes capas: pero a veces, un color será más dominante o vívido que los otros. Aprender a entender lo que significa cada color puede decirle mucho sobre la salud y el bienestar general de la persona. Este color dominante también refleja la personalidad de un individuo y en algunos casos puede reflejar su destino futuro.

Aura Roja

Las personas que tienen el rojo como color dominante en su aura son conocidas por ser aventureras y siempre deseosas de probar nuevas cosas y participar en nuevas experiencias. Son el tipo de personas que intentarán cualquier cosa al menos una vez. Son enérgicos y viven la vida al máximo. Son directos, muy testarudos, y pueden ser brutalmente honestos a veces.

Las personas de aura roja son física y mentalmente fuertes y son menos propensas a la enfermedad y la fatiga. Sobresalen en el atletismo y los deportes.

El inconveniente de una persona con aura roja es que a veces puede vivir demasiado en el carril rápido, causando que se quemen o se metan en problemas. También son propensos a los arrebatos de ira y celos y a veces incluso a los arrebatos violentos.

El espíritu aventurero del individuo del aura roja hace que se aburran rápidamente, lo que podría poner en tensión sus relaciones personales y su vida profesional. Su extrema competitividad y su deseo de ser el número uno también puede hacer que a veces sean insensibles y egoístas.

Aura Rosa

Un aura rosa representa el amor, la abnegación y el dar. Las personas que tienen un aura rosa dominante ponen el amor y la amistad por encima de todo. Les encanta estar en medio de la familia y los amigos en todo momento; dar y recibir amor. Son muy románticos, y sus relaciones con sus parejas y cónyuges tienden a ser de por vida.

Las personas de aura rosa también son muy conscientes de la salud y se cuidan bien a sí mismos con una dieta saludable y ejercicio. Su profunda conciencia de la salud los hace muy sensibles a las necesidades de salud de otras personas, y son brillantes médicos y sanadores. También son muy apasionados de la justicia social y los derechos humanos y tienden a ser defensores de buenas causas.

La única desventaja es que su naturaleza demasiado amorosa y generosa puede hacer que estas personas sean aprovechadas.

Aura Amarilla

Las personas con un aura predominantemente amarilla son muy racionales, lógicas, analíticas y sorprendentemente inteligentes. Sobresalen en ciencia y matemáticas y son excelentes en carreras que requieren pensamiento analítico. Son extremadamente elocuentes y saben cómo comunicar sus pensamientos de forma brillante.

La desventaja de este color es la tendencia a convertirse en un adicto al trabajo y a poner el trabajo y la carrera por encima de las relaciones personales. Este tipo de persona también es más propensa a problemas mentales como la depresión y el aislamiento porque no dan prioridad a las relaciones sociales y personales.

Aura Naranja

Divertido, humorístico y social, son los rasgos que mejor describen a una persona con un aura naranja dominante. Son muy dadivosos y generosos y les encanta socializar con amigos y ser el centro de atención. Su honestidad natural, bondad de corazón y empatía los hace muy populares y queridos. Están muy en sintonía con las emociones de los demás y son grandes oyentes y simpatizantes. Esta es la persona a la que la gente acude cuando quiere desahogar su corazón.

Las desventajas son que una persona de aura naranja puede ser terca y perder los estribos rápidamente; sin embargo, no guarda rencor y se disculpa, perdona y corrige las cosas.

Aura Verde

Un aura predominantemente verde refleja una personalidad altamente creativa que se esfuerza por la perfección. Al mismo tiempo, esta persona es muy trabajadora, con los pies en la tierra, y realista. Piensa cuidadosamente y rara vez toma decisiones precipitadas. ¡Esta es, de hecho, una gran combinación! Es por eso que la gente de aura verde puede tener mucho éxito en los negocios.

Este tipo de personalidad también es consciente de la salud, y aunque les encanta la comida, siempre tienen cuidado de seguir una dieta equilibrada y nutritiva. Les encanta la comunión con la naturaleza y disfrutan de cualquier actividad al aire libre.

La única desventaja es cuando estas personas ponen su creatividad antes que las cosas más prácticas de la vida.

Aura Azul

El principal rasgo de personalidad de un individuo con un aura azul es un carácter muy fuerte y a veces dominante. Estas personas son muy carismáticas, brillantes comunicadores y oradores elocuentes. Son intuitivos y organizados y tienen la capacidad de convertirse en grandes líderes.

La desventaja de este color es la tendencia al exceso de trabajo y al agotamiento.

Aura Marrón

Esta aura suele aparecer como una sombra de color marrón claro e indica ansiedad, confusión o angustia. Esta persona está pasando por algunos problemas importantes en su vida o simplemente tiene problemas para encontrar su propósito.

Por otro lado, un aura marrón oscuro indica egoísmo, engaño y una tendencia a buscar fallas en los demás.

Aura Púrpura

Un aura púrpura dominante es una indicación de las cualidades psíquicas. Esta persona es a menudo vista como el tipo oscuro, silencioso, misterioso y es muy sensible a los estados de ánimo y las vibraciones de los demás.

Esta persona tiene una pasión por el aprendizaje y tiene una mente muy filosófica, intuitiva e inquisitiva. Esta persona no es muy sociable, ni tiene un gran número de amigos. Pero es muy leal, y las amistades que hace son duraderas y fuertes. Una persona de aura púrpura también ama a los animales y a la naturaleza.

El inconveniente es que la excesiva sensibilidad de esta persona a las emociones y estados de ánimo de los demás puede hacer que se sienta agotada y sin energía cuando las vibraciones negativas de los demás la abruman.

Aura dorada

Un aura dorada indica una persona muy artística con un ojo para la belleza. Les encanta llevar ropa y joyas bonitas y rodearse de lujos y artículos de belleza únicos. No es sorprendente que también les guste ser el centro de atención.

En el lado negativo, una persona con aura dorada no se toma bien las críticas, aunque sean bien intencionadas. También puede haber una tendencia a gastar demasiado en lujos y en las cosas más finas de la vida.

Aura Plateada

Esta aura puede aparecer como plateada, blanca o blanco plateado y es el signo de una persona dotada y talentosa. Esta persona es muy intuitiva y psíquica y es fácilmente capaz de acceder a estos dones. Esto, combinado con su alta inteligencia, le permite tomar decisiones muy exitosas en la vida. Tienen una atracción casi magnética por los demás, y sin embargo son muy cuidadosos a la hora de elegir su círculo de amigos.

La única desventaja es cuando este tipo de persona no usa sus dones especiales o los usa de manera incorrecta.

Aura Negra

Esta aura tiene implicaciones muy negativas. Puede indicar una enfermedad grave, por lo que es muy aconsejable que esta persona se someta a un examen físico inmediato. Un aura negra también indica odio, envidia y depresión.

Conclusión

Ver y leer auras es tanto un arte como una habilidad adquirida. Cuando usted practique constantemente, se convertirá en un experto en ver las auras y sus diferentes colores. Esto se convierte en un arte cuando es capaz de distinguir los colores dominantes de las auras y sus implicaciones. Por supuesto, no hace falta decir que cuanto más usted despierte y nutra su chakra del tercer ojo, más se convertirá en un maestro lector de auras.

Capítulo ocho: Visiones psíquicas y clarividencia

Un chakra del tercer ojo despierto, sano y equilibrado, abre la puerta a la percepción pura y a la visión interior. Como hemos aprendido en el último capítulo, esta visión pura le permite acceder a su conciencia superior. Es a través de la conciencia superior que eres capaz de trascender el reino físico y disfrutar de los dones espirituales de la lectura del aura, las visiones psíquicas y la clarividencia. Es importante entender que, si bien es importante mantener todo el sistema de chakras equilibrado, estos regalos espirituales solo pueden ser accedidos a través de la continua nutrición e interacción con su ojo interno.

Visiones psíquicas versus clarividencia

Es difícil identificar la diferencia específica entre las visiones psíquicas y la clarividencia. Sin embargo, ambas son partes del espectro de habilidades psíquicas que uno puede desarrollar. Las visiones psíquicas son una forma de clarividencia en la que se recibe información sobre algo que sucederá en el futuro. La clarividencia puede tomar la forma de visiones psíquicas, así como la información que usted recibe sobre personas o eventos a través de la intuición o la lectura de auras. Un sentido clarividente muy desarrollado también puede permitirle recibir mensajes e información al percibir la energía de una cierta persona, cosa o lugar.

Digamos que ambos son regalos increíbles para tener y que ambos son una forma de percepción extrasensorial (PES).

¿Qué es una visión psíquica?

Una experiencia o visión psíquica es una percepción tan vívida, intensa y clara que a menudo parece más realista y más racional que la vida real. Realmente no hay mejor manera de describirla. Simplemente usted debe experimentarla por sí mismo para entender esta definición algo vaga. A continuación, se presentan las características básicas de una visión psíquica:

- Una visión psíquica también se llama "una iluminación".
- Puede ser provocada por una emergencia, ya sea emocional o física.
- Las visiones psíquicas pueden ocurrir en un estado de sueño como los sueños, cuando está despierto, o mientras está meditando.
- Una visión psíquica puede tomar la forma de una "película" que se desarrolla ante sus ojos cerrados o en su mente, en este caso, en su tercer ojo.
- Puede que vea luces o auras en su visión periférica, o el aura de una persona puede hacerse evidente cuando usted no estaba tratando de verla. Escuche lo que su intuición le dice sobre los colores.
- Sueños claros durante el sueño donde usted tiene el control de lo que pasa o donde sabe lo que pasará.
- Las visiones psíquicas le dan información a la que no puede acceder a través de sus otros sentidos. Son básicamente su intuición comunicándose usted.

¿Qué significan las visiones psíquicas?

Algunas visiones psíquicas tendrán una relevancia inmediata para usted, para que pueda entender su significado de inmediato. Otras visiones pueden ser más confusas o no tener ninguna relevancia.

La primera forma de interpretar un sueño psíquico es usar su intuición para tratar de entender su significado. El segundo método es practicar la siguiente meditación:

- Siéntese o acuéstese cómodamente, respire profundamente para relajarse y enfocar su tercer ojo.
- Pídale a su tercer ojo que le informe de lo que significa la visión.
- Espere la respuesta, y si no le llega nada, continúe preguntando y espere.
- Debería recibir un mensaje a su debido tiempo, pero si no, termine la meditación. Puede recibir un mensaje más tarde en el día o incluso unos días más tarde.

Las visiones psíquicas pueden ser un maravilloso regalo de amor para alguien que necesita orientación en su vida. Un sueño psíquico puede ayudar a alguien a encontrar su verdadero propósito y el cumplimiento de su destino. Las visiones psíquicas también pueden ser útiles para usted y para los demás para evitar o prevenir el peligro.

En el lado negativo, las visiones psíquicas pueden ser extremadamente angustiantes para su salud emocional, como cuando recibe información sobre la muerte de una persona. Es importante subrayar aquí que nadie ha sido capaz, o será capaz, de prever o predecir la muerte de otra persona de manera concluyente. Esto es algo que solo Dios, el Creador, el universo conoce.

En la mayoría de los casos, la visión simbolizará una enfermedad grave o algún daño que le llegará a la persona en cuestión. De cualquier manera, este tipo de visiones son verdaderamente temidas. Prepárese para recibirlas, pero nunca actúe sobre ellas diciéndole a alguien que va a morir. Debe ignorarlas y esperar lo mejor o esperar a ver si recibe más mensajes que aclaren el significado de esa visión inicial.

¿Qué es la clarividencia?

Clarividencia significa literalmente "visión clara". Esto se refiere a sueños psíquicos, visiones, mensajes intuitivos y otras formas de perspicacia o sabiduría que usted recibe de su tercer ojo. A veces, estos momentos de visión clara serán breves y poco dramáticos, mientras que otras veces, aparecerán en visiones psíquicas vívidas.

A veces pueden aparecer en una fuerte premonición sobre algo o alguien, como cuando de repente usted piensa en una persona que no ha visto durante años y luego se topa con ella al día siguiente.

Esta es la definición más cercana a la clarividencia; de nuevo, para entenderla completamente, debe experimentarla por sí mismo y permitir que su tercer ojo lo guíe en la interpretación de los mensajes.

Las características básicas de la clarividencia son las siguientes:

- Destellos psíquicos: pueden ser colores, luces danzantes o puntos flotantes, o la aparición repentina de un rostro.
- Cuando usted se sienta con ganas, le será muy fácil soñar despierto e ignorar cualquier perturbación a su alrededor. Puede o no tener una visión psíquica durante estos sueños.
- Será capaz de ver en su tercer ojo cómo encajan las cosas. En muchas áreas de su vida, comenzará a vislumbrar cómo se unen las piezas del gran rompecabezas. La sabiduría resultante que obtendrá de esto es simplemente impresionante.
- Puede que encuentre que su sentido de la dirección es sorprendentemente acertado en ciertos momentos. Esto podría muy bien ser su clarividencia entrando en juego.
- Puede recibir mensajes a través de la clariaudiencia (audición psíquica) o la clarisencia (sentimientos psíquicos) o a través del conocimiento psíquico (clarividencia) donde intuitivamente solo sabe que algo es verdad o que algo sucederá.
- Puede recibir visiones de cómo planear ciertos eventos en su vida viéndolos desenvolverse en su mente.

Ejercicios para desarrollar habilidades psíquicas y clarividentes

Mantener el tercer ojo abierto y equilibrado es realmente la mejor manera de acceder a estos dones espirituales. Tenga en cuenta que no hay un método garantizado para hacerse clarividente o tener visiones psíquicas. Algunas personas experimentarán estos dones con más frecuencia, mientras que, para otros, estas experiencias serán raras.

Sin embargo, hay algunas maneras de ayudarlo a desarrollar su conciencia superior para desarrollar aún más sus poderes espirituales.

Meditación. Todas las meditaciones y ejercicios discutidos en este libro deben ser practicados regularmente. Este es por lejos el mejor método para desarrollar sus dones espirituales. Además, practique esta meditación también:

• Siéntese o recuéstese cómodamente. Respire profundamente hasta que todo su cuerpo se sienta suelto y relajado.

• Cierre los ojos y visualice el punto en la parte posterior de su frente que está justo delante de su tercer ojo. Visualice este punto como una pantalla de cine en negro.

• Enfoque esta pantalla con su tercer ojo.

• Espere y vea lo que aparece en la pantalla.

• Continúe la meditación durante diez minutos.

• Puede que no tenga una visión vívida o que no vea nada claramente, pero puede que reciba un destello psíquico o una chispa de intuición.

Cristales que promueven la clarividencia. Ciertos cristales y piedras pueden ser usados durante la meditación para despejar la mente, permitiendo que la energía psíquica se filtre a través de ellos. Estos incluyen el ópalo cereza y la aguamarina, la esmeralda y la labradorita amarilla. Pueden ser fácilmente comprados en línea. Coloque una de estas piedras en su tercer ojo mientras medita acostado.

Ejercicios de visualización

Practique la visualización tanto como sea posible, todos los días, durante unos minutos. Es una de las formas más fáciles, pero efectivas, de desarrollar la clarividencia y ejercitar el tercer ojo. La mejor manera de desarrollar su don especial es aprendiendo a ver imágenes con su tercer ojo tan claramente como sea posible.

Ejercicio de visualización 1: Su lugar perfecto

• Siéntese o acuéstese en una posición relajada y visualícese en el lugar de sus sueños. Este lugar no tiene por qué ser necesariamente un lugar en el que haya estado. Podría ser una hermosa isla desierta, una playa tranquila, un valle verde lleno de flores silvestres... etcétera.

- Visualice cada detalle en su tercer ojo hasta que pueda sentirse realmente allí. Por ejemplo, puede ver y oler las flores silvestres a su alrededor, o sentir las olas calientes que golpean a sus pies. Visualice cada detalle, color, sonido y olor hasta que se sienta transportado a ese lugar.

Ejercicio de visualización 2: Objetos y símbolos

Visualice cualquier objeto o símbolo de su elección con su tercer ojo hasta que sea capaz de verlo claramente en el ojo de su mente, con el mayor detalle posible. Además puede visualizar caras, también.

Visualización Ejercicio 3: Visualice su obra de arte

- Escriba su nombre en una hoja de papel blanco y use marcadores de color y purpurina para resaltar y decorar las letras. Utilice colores y diseños vibrantes.

- Cuando usted haya terminado, mire su obra de arte durante aproximadamente un minuto, luego cierre los ojos y visualícela con su tercer ojo, recordando tantos colores y detalles como pueda, como si la viera con sus ojos físicos.

Visualización Ejercicio 4: El ejercicio de las flores

- Prepare un pequeño ramo de hermosas flores de diferentes tipos y colores.

- Pase unos minutos tocando suavemente las flores, notando las diferentes formas, colores, texturas y olores. Tómese todo el tiempo que necesite para explorar las flores con sus sentidos.

- Coloque las flores en el suelo, cierre los ojos y tome unas cuantas respiraciones profundas.

- Concéntrese en su tercer ojo y visualice el ramo de flores que descansa dentro de su tercer ojo. Intente recordar cada detalle de color y textura, y "sienta" su fragancia.

- Espere y vea si aparecen visiones, símbolos u otros mensajes. Si no, está bien. Solo continúe practicando el ejercicio regularmente.

- Este ejercicio también puede ser practicado enfocándose y visualizando una flor a la vez.

Nota: Usted puede hacer el ejercicio con hojas, hierbas frescas, o incluso una piña. El objetivo de usar objetos terrenales es ayudar a mantenerse conectado a tierra. Esto es muy importante para los principiantes.

Ejercicio de visualización 5: Juegos de memoria

Es una forma divertida de conectar con su tercer ojo y afinar su percepción. Hay docenas de divertidos juegos de memoria que puede jugar en línea, o puede intentar lo siguiente:

El artículo que falta. Consiga la ayuda de un familiar o amigo para este. Haga que retiren un objeto de su dormitorio, cocina o baño mientras espera en otra habitación.

- Entre en la habitación e intente descubrir qué objeto fue removido.

Elemento reorganizado. Ponga varios objetos en una mesa y tómese unos momentos para mirarlos y recordar cómo están dispuestos.

- Cierre los ojos y haga que su amigo reorganice un objeto. Abra los ojos e intente ver qué objeto fue movido.

Conclusión

Acceder a sus habilidades psíquicas es un esfuerzo doble. Usted debe practicar de una manera estructurada, practicando regularmente los ejercicios descritos aquí. Aquí es donde intencionalmente usted se desconecta de las distracciones del mundo exterior y hace tiempo para trabajar en el desarrollo de sus dones en un entorno tranquilo y silencioso. Puede o no tener experiencias psíquicas durante sus sesiones de práctica, pero sepa que está estableciendo una base sólida para cultivar estas habilidades.

En segundo lugar, usted debe estar abierto y alerta a las experiencias psíquicas en su vida diaria.

Finalmente, aprenda a confiar plenamente en su tercer ojo y en los mensajes que le da. Es natural que al principio tenga que luchar contra la incredulidad y el escepticismo. Puede ignorar los mensajes sutiles y decirse a sí mismo que su mente subconsciente le está jugando una mala pasada. Pero cuanto usted más experimente estos dones psíquicos, más aprenderá a confiar, a aceptarlos y esperarlos. El hecho de que seas capaz de acceder a un reino que trasciende el mundo físico, ¡toma un tiempo para asimilarlo!

Su objetivo es permitir que sus dones psíquicos se conviertan en su segunda naturaleza y en una maravillosa fuente de enriquecimiento para su vida. Una advertencia: usar sus dones para sentirse poderoso y "omnipotente" nunca debería ser su objetivo. Utilícelos para empoderarse y enriquecerse espiritualmente, así como para empoderar y guiar a otros.

Capítulo nueve: Consejos y recomendaciones generales

Mantener el chakra del tercer ojo equilibrado y sano es un proceso continuo, pero con suerte, después de que vislumbre lo que el despertar del tercer ojo puede hacer en su vida, se sentirá motivado para hacer de ello una labor de amor de por vida.

Los consejos y recomendaciones de este capítulo pueden ser adiciones útiles a su kit de herramientas para el despertar del tercer ojo. Algunos de ellos pueden ser parte de su estilo de vida ya, lo cual es genial.

Pequeños cambios en el estilo de vida que harán que los ejercicios sean más efectivos

Duerma en completa oscuridad. Dada la fuerte interconexión entre su tercer ojo y la glándula pineal, tiene sentido asegurarse de que la glándula pineal se descalcifique y funcione correctamente.

La glándula pineal comienza a liberar melatonina cuando la oscuridad se establece, preparándolo para el sueño. La melatonina es vital para un ritmo circadiano equilibrado y un sueño de calidad, lo que es importante para la claridad, el enfoque y un tercer ojo sano.

La luz del día y la luz artificial pueden interrumpir la producción de melatonina y desequilibrar el ciclo de sueño-vigilia. Duerma en una habitación completamente oscura, si es posible. Si le resulta demasiado incómodo, una pequeña luz nocturna ámbar está bien.

Si usted tiene que trabajar de noche y dormir durante el día, invierta en cortinas de buena calidad que impidan que la luz se filtre.

Crear un espacio de meditación personal. La meditación es una parte tan vital de su nueva rutina que tiene sentido designar un lugar especial para ello.

Este podría ser una habitación sin usar en su casa o un rincón protegido de su dormitorio. Esto se convertirá en su tranquilo y acogedor refugio de meditación. Haga que su espacio sea lo más relajante posible con una alfombra gruesa, una colchoneta de meditación o una silla cómoda. Coloque sus cristales y piedras en tazones sobre una mesa baja, así como velas y un difusor de aceites esenciales. Coloque cojines en el suelo, exponga uno o dos hermosos artículos que le gusten, y considere un hermoso y sereno colgante de pared o un póster.

Deje que su creatividad e intuición le guíe en cuanto a lo que necesita para sentirse calmado y relajado al instante cuando entre en su espacio de meditación personal.

Reduzca su exposición a la luz azul. La luz azul es tóxica para la glándula pineal, ¡así que evítela como si fuera una plaga! Prohíba la luz fluorescente de su casa y use la luz ámbar en toda la casa.

Más importante aún, limite su exposición a la luz azul de las pantallas digitales como teléfonos celulares, pantallas de TV y monitores de computadoras. Si pasa horas frente a una computadora, instale una pantalla de bloqueo de luz azul. Estas pantallas también están disponibles para los teléfonos celulares.

Esto se aplica específicamente a su dormitorio. Retire todas las pantallas digitales del dormitorio.

Ayunar por la salud del tercer ojo. Los chakras superiores (el del corazón y los superiores) están menos relacionados con las funciones físicas y tienen más que ver con los estados mentales y la espiritualidad. Ayunar durante unas horas puede en realidad energizar y equilibrar estos chakras, incluido el del tercer ojo.

Considere la posibilidad de ayunar desde la mañana hasta el mediodía de vez en cuando y rompa el ayuno con una comida ligera y nutritiva.

Intente con el aislamiento sensorial. Esta es un poco extrema, pero quizás el lector más aventurero puede considerar probarla. Los tanques de flotación o tanques de aislamiento ofrecen la experiencia de estar totalmente sumergido en un tanque oscuro de agua para que usted quede totalmente separado de sus sentidos.

La experiencia de un tanque plano mejora la conciencia de su tercer ojo y aumenta la percepción extrasensorial.

Beba té de hierbas. Las infusiones de hierbas como el arándano, la eufrasia, el enebro y el anís mantienen la glándula pineal equilibrada y descalcificada; además, tienen propiedades de reducción del estrés para ayudarlo a concentrarse mejor en sus ejercicios y en la meditación. Pruebe estos tés de hierbas para obtener una deliciosa bebida caliente o fría que vigorice y equilibre su chakra del tercer ojo:

- La eufrasia aumenta la intuición y la inspiración, permitiéndole tener pensamientos y percepciones internas más consistentes.
- El Ginkgo promueve la circulación de la sangre y la oxigenación del cerebro, permitiéndole recordar sus sueños y dándole más claridad mental para interpretarlos.
- La frambuesa negra contiene cualidades calmantes y purificadoras que aportan claridad a su tercer ojo.
- El amaranto es ideal para desarrollar sus dones psíquicos ya que eleva la vibración del chakra del tercer ojo.
- El té de arándano aumenta la conciencia interna del ojo.
- El té de arándano aumenta la conciencia del tercer ojo y también es beneficioso para la vista.

Pruebe diferentes combinaciones para crear su propio brebaje personalizado, o bébalos individualmente.

Cree mezclas de aceites esenciales. Mezcle una combinación de los aceites esenciales discutidos anteriormente y agréguelos a sus productos de belleza como champú, loción, acondicionador y crema de manos.

Haga ejercicio diariamente. Aunque solo sea una caminata rápida alrededor de la manzana, quince minutos de ejercicio diario es la forma perfecta de mantener todo el cuerpo sano y los chakras equilibrados.

Tome suplementos. Los siguientes suplementos son especialmente beneficiosos para la salud de la glándula pineal y el chakra del tercer ojo:

- El aceite de hígado de bacalao es un suplemento natural repleto de vitamina A, que ayuda a mantener la salud de la glándula pineal y a mantenerla descalcificada.
- La vitamina K ayuda a descalcificar los tejidos blandos, incluyendo la glándula pineal.
- El extracto de neem se ha utilizado desde la antigüedad para mejorar la salud del sistema inmunológico y desintoxicar el cuerpo. Se puede comprar en tiendas de alimentos saludables.

Reduzca el estrés. Manténgase a sí mismo y a su tercer ojo calmado y en tierra eliminando los factores de estrés en su vida diaria. Haga un balance de su día normal e identifique las cosas que lo estresan. Trate de reducir o eliminar estos factores de estrés reprogramando ciertas tareas, agregando más estructura a su rutina familiar o delegando el trabajo en la oficina.

Haga de la atención plena un modo de pensar. Vivir en el pasado o pensar constantemente en el futuro (ambos están fuera de nuestro alcance para cambiar) puede ser el mayor obstáculo para el despertar del tercer ojo. Vivir en el momento presente, con total consciencia, mantiene la mente y la intuición abiertas y listas para aceptar todo lo que nos llega de una manera neutral y sin juzgar. Adoptar una mentalidad atenta le ayuda a evitar los pensamientos y sentimientos negativos que nublan su percepción y bloquean el chakra del ojo interno.

No se permita caer en un patrón de cavilaciones sobre el pasado y de preguntarse cómo habrían ido las cosas si hubiera hecho las cosas de otra manera. Este patrón de pensamiento altamente negativo es perjudicial para el despertar espiritual. Del mismo modo, preocuparse y pensar demasiado en el futuro es igualmente negativo.

Aquí hay tres ejercicios adicionales para cultivar la atención:

Ejercicio 1: Inmersión consciente

Este ejercicio ayuda a promover la satisfacción y la tranquilidad en el momento presente.

- Elija una tarea cotidiana que normalmente intente realizar lo más rápido posible, y donde sus pensamientos se centren normalmente en otra cosa. Esto podría ser lavar la ropa, ordenar una habitación o doblar la ropa. Tomemos como ejemplo el lavado de platos.
- A medida que llene el fregadero con agua y líquido de lavado, concéntrese en cada detalle. Escuche el sonido del agua que entra a borbotones en el fregadero, note el color y el olor del líquido de lavar, concéntrese en las burbujas que se forman en el agua.
- Lave y enjuague los platos, sumergiéndose totalmente en el color y la sensación de cada artículo en su mano, el sonido de la esponja o el fregador mientras está limpiando, y el chorro del agua sobre su mano mientras enjuaga cada artículo.
- El objetivo es sumergirse completamente durante cada paso que normalmente se hace, como si lo experimentara por primera vez.
- Descarte cualquier pensamiento perturbador y vuelva a concentrarse suavemente en lo que está haciendo.

Ejercicio 2: Escuchar atentamente

El objetivo de este ejercicio es ayudarle a sumergirse totalmente en el momento presente sin permitir que el juicio nuble su percepción.

- Elija una canción o una pieza musical que nunca haya escuchado antes. No permita que su juicio sobre el título o el género interfiera con su elección.
- Cierre los ojos y escuche la canción.

- Sumérjase en la música y déjese llevar. Descarte inmediatamente cualquier pensamiento crítico sobre si le gusta la música, la voz, el ritmo, etc.
- Luego, comience a enfocarse y a explorar el sonido de cada instrumento, las melodías, las voces solistas, etc. De nuevo, haga esto con una mente completamente abierta y no haga juicios.

Este es un ejercicio asombroso para que se mantenga centrado y aumente sus sentidos.

Ejercicio 3: Apreciación consciente

El objetivo de este ejercicio es promover la gratitud y el aprecio de las cosas o personas que damos por sentado. La gratitud es una maravillosa fuente de alimento para el chakra del tercer ojo y para el desarrollo espiritual en general.

- Tómese el tiempo cada día para notar y dar gracias por varias cosas que añaden valor a su vida.
- Por ejemplo, cuando lea un libro, deténgase para agradecer el papel, la imprenta y el autor, que hicieron posible que disfrutara del libro. Puede hacer lo mismo con el ordenador, el teléfono móvil, e incluso al pulsar un interruptor de la luz.
- Tómese el tiempo para apreciar y agradecer a su maravillosa familia y amigos que le apoyan o incluso a un útil dependiente de tienda.
- Mantener su corazón lleno de gratitud y amor promoverá sentimientos de armonía con el mundo y mantendrá su tercer ojo lúcido y consciente.

Considere el minimalismo

A medida que su tercer ojo se despierta, y comience a experimentar el conocimiento interno y la sabiduría, una de las primeras cosas que comprenderá es que hay mucho, mucho más en la vida que las posesiones materiales. Ya no le interesará comprar el último artilugio o usar la última moda. Una casa más grande o un mejor coche ya no se convierten en prioridades en las que usted pasa noches sin dormir pensando. ¿Dar la impresión de tener mucho dinero? Se reirá de la idea. La trivialidad de lo que una vez pensó que era tan importante le golpeará en la cara. Como resultado, puede que se encuentre naturalmente gravitando hacia un estilo de vida más minimalista.

¿Qué es el minimalismo?

Convertirse en minimalista significa simplificar su vida viviendo con lo esencial. Lo que se considera "lo esencial" difiere de una persona a otra. Básicamente, significa despejar su espacio y adoptar la mentalidad de que más es menos. Los minimalistas se entrenan a sí mismos para controlar su consumo y tendencias materialistas, lo cual no es fácil en nuestro mundo moderno.

El minimalismo, a diferencia de lo que mucha gente imagina, no significa vivir con frugalidad y privarse a sí mismo. La palabra clave es simplificación; puede simplificar y racionalizar su estilo de vida y vivir como un rey, pero con mucha más tranquilidad y más tiempo y dinero para disfrutar de las cosas que realmente importan en la vida.

Muchos minimalistas reportan que esta forma de vida ha cambiado completamente su perspectiva, así como sus prioridades. Algunos de los muchos beneficios del minimalismo incluyen:

- Claridad mental. El despejar su casa u oficina literalmente despejará su mente. Hay una fuerte relación entre las posesiones materiales y la salud mental y emocional. Limpiar su casa le hará sentirse más tranquilo y en control de su vida.
- Mejores finanzas. Viviendo con menos y comprando menos, podrá ahorrar dinero, mucho, en realidad. Esto es genial para equilibrar los chakras inferiores, especialmente el chakra de la raíz, que es la causa de nuestra inseguridad financiera y el miedo.
- Más libertad. Romper los lazos del materialismo trae una tremenda sensación de liberación, alegría y tranquilidad. Tiene la libertad y el tiempo para perseguir las cosas que son verdaderamente valiosas en la vida, como viajar, enriquecer su mente y pasar tiempo con las personas que ama.

Pasos básicos para simplificar su vida

Comience con una habitación. Comience con un borrón y cuenta nueva declarando una habitación de su casa. Elimine todo lo que no utiliza regularmente: incluyendo los artículos en los cajones y en los estantes. Reorganice la habitación para que sea más eficiente y abierta. Agregue algunos toques de color si lo desea. Explore cómo se siente sobre el nuevo espacio. Agregue o quite artículos hasta que sienta que el espacio es acogedor y tranquilo. Repita el proceso con cada habitación de su casa hasta que todo esté racionalizado, simple y ordenado.

Almacene o done. Almacene cosas que le traigan buenos recuerdos y done ropa, muebles y otros artículos que no use regularmente.

Invierta en artículos de buena calidad. Cuando usted necesite comprar algo, siempre asegúrese de que es de primera calidad. Los artículos de buena calidad están hechos para durar, requieren menos mantenimiento, y muestran menos desgaste con el tiempo. Esto también se aplica a la ropa.

Despeje su tiempo. Esto significa aprender a decir "no" a las tareas y compromisos y a la gente que siente que son una demanda irrazonable de su tiempo. Significa priorizar las tareas y delegar todo lo que pueda. También significa eliminar gradualmente las relaciones que lo agotan emocionalmente o que simplemente no van a ninguna parte.

El minimalismo puede ser beneficioso para la paz mental y la calma espiritual. Vale la pena intentarlo.

Confronte y libere los recuerdos y experiencias dolorosas. Los sentimientos negativos que enterramos en nuestro interior son muy perjudiciales para nuestro desarrollo espiritual. A menos que usted sea honestamente capaz de confrontar y liberar recuerdos y experiencias dolorosas, será muy difícil armonizar y equilibrar el sistema de chakras.

Hay docenas de meditaciones guiadas en línea diseñadas para este propósito. Considere la posibilidad de descargar un par de ellas y trabajar en la liberación de su energía negativa.

Tal vez usted quiera considerar la terapia si tiene cicatrices mentales severas que requieren una investigación más profunda para sanar. Despertar el chakra del tercer ojo y desarrollar los dones psíquicos no resolverá automáticamente estos problemas emocionales.

Invierta en una aplicación de meditación. Las aplicaciones de meditación ofrecen una amplia variedad de meditaciones guiadas, sonidos de la naturaleza y ritmos binaurales, e incluso mantras y cantos. Muchas de ellas contienen características para programar la meditación, así como alertas y recordatorios. Son útiles para tenerlas consigo para meditar al aire libre o cuando se viaja. Las aplicaciones de meditación vienen en una amplia variedad, son bastante económicas y están disponibles en línea. Solo busque en Google "aplicaciones de meditación" o "aplicaciones de meditación del chakra del tercer ojo".

Únase a una comunidad de ideas afines. Aproveche el lado positivo de las redes sociales uniéndose a una comunidad o grupo de personas con ideas afines. Si tiene la suerte de encontrar uno en su área, estos grupos a menudo celebran reuniones e invitan a conferenciantes y a veces organizan retiros.

Unirse a una comunidad en línea le dará poder y reforzará su viaje espiritual. Puede intercambiar consejos, compartir ideas, encontrar mucho apoyo e incluso hacer buenos amigos.

Revísese regularmente y reflexione sobre sus pensamientos y acciones. Esta es una habilidad importante para cultivar porque aumenta la conciencia de sí mismo. Deténgase y reflexione sobre lo que está haciendo o diciendo en ciertos momentos del día. ¿Usted es consciente? ¿Su mente se ha desviado hacia pensamientos negativos? ¿Realmente está escuchando a la persona que le habla? ¿Está permitiendo que su juicio empañe su claridad de pensamiento?

Observando sus pensamientos y analizándolos de esta manera lo mantendrá a usted consciente y centrado durante todo el día.

Mantenga su intención fuerte. Trabajar con energía espiritual requiere una intención clara y fuerte. Antes de meditar o practicar un ejercicio, recuerde siempre declarar su intención para que su mente la registre y la retenga.

Una intención puede ser general, como "curar el tercer ojo" o más específica, como "ver el aura de esta persona" o "visualizar esta flor". Las afirmaciones son algunas de las mejores maneras de mantener sus intenciones fuertes y enfocadas a lo largo del día.

Conclusión

Las recompensas de mantener el chakra del tercer ojo sano con estos métodos adicionales bien valen el esfuerzo. Experimente con los métodos discutidos en este capítulo, uno o dos a la vez, añadiéndolos a su rutina regular de meditación. La cantidad que elija para practicar depende totalmente de usted.

El resultado será una mayor autoconciencia, más confianza en sí mismo, sueños y experiencias psíquicas más vívidas y frecuentes, y más paz interior, a medida que usted aprende a confiar en su intuición del tercer ojo.

Capítulo diez: Poniendo todo junto

Esto puede parecer un montón de información para tomar y aplicar en su ya demasiado ocupada vida. Es comprensible que se sienta abrumado. ¿Por dónde empezar? ¿Con qué frecuencia debe practicar? ¿Cómo incorporar los ejercicios y técnicas para formar un plan personalizado? Este capítulo responderá a todas sus preguntas.

Programe las prioridades

Hay tres actividades principales que debe programar a diario o semanalmente.

1. **Meditación del chakra del tercer ojo.** Lo ideal es que usted medite al menos una vez al día durante al menos quince minutos. Dos o tres veces al día sería aún mejor. Una buena idea es hacer una corta meditación diaria y programar tiempo para sesiones más largas (30 minutos por lo menos) los fines de semana y días libres.

2. **Ejercicios de visualización.** Una vez al día es bueno, pero a medida que su tercer ojo se fortalezca, podrá visualizar más rápido y podrá tener más tiempo en el día para adaptarse a más de una visualización.

3. **Ejercicios de atención plena.** La atención plena es la clave para mantenerse centrado a lo largo del día, y mantener la claridad

del tercer ojo. Como hemos visto, los ejercicios de atención plena como el de "inmersión de consciencia", pueden hacerse en cualquier momento y en cualquier lugar. El simple hecho de sentarse en el escritorio y encender el ordenador puede ser una oportunidad para la inmersión consciente o la gratitud consciente. Usted debe ser capaz de participar en más de una práctica de conciencia durante su día.

Este es su punto de partida. Dependiendo de su horario individual de trabajo y familia, use un bolígrafo o marcador rojo para hacer un horario semanal con las tres actividades anteriores bloqueadas en su día. Estas son sus prioridades. Cualquiera puede hacer tiempo para las prioridades, incluso si significa levantarse media hora más temprano cada día o limitar el tiempo de televisión por la noche. Solo debe establecer la intención de atenerse a su horario.

Haga de estas prioridades un estilo de vida

Así como el ejercicio y la dieta son parte de su estilo de vida, disfrutar y cultivar los beneficios espirituales de un chakra del tercer ojo despierto también debe convertirse en una parte regular de su estilo de vida. Cuanto más medite, visualice y practique la atención, más naturalmente le llegará hasta que se convierta en parte de su rutina diaria. De hecho, se convertirán en oportunidades propicias para la relajación y la paz interior, especialmente en tiempos de dificultades o crisis.

Consejos simples para hacer tiempo para meditar

Levántese más temprano. Los expertos dicen que el mejor momento para meditar es temprano en la mañana. Levantarse media hora o quince minutos más temprano cada día le permitirá comenzar su día con la meditación. Si no es una persona madrugadora, intente levantarse cinco minutos más temprano y aumente gradualmente el tiempo.

Lo importante es que usted medite tan pronto como se levante. Utilice el baño si necesita sentarse, y medite inmediatamente. Esto para que no pierda el tiempo haciendo cosas como revisar el correo electrónico o cepillarse los dientes. Hágalo cuando termine de meditar.

Descanso a la hora del almuerzo. En lugar de salir a almorzar, lleve su propio almuerzo a la oficina o envíe a alguien por un bocadillo. Cierre la puerta, encuentre un lugar relajante y medite durante quince o veinte minutos. Mejor aún, si hay un parque cerca y el clima es adecuado, disfruta de su sesión de meditación al aire libre. Esto también hará maravillas para su concentración y productividad.

Desplazamiento. Viajar en autobús o tren puede no ser el mejor ambiente para meditar, pero es una gran oportunidad para los ejercicios conscientes y la visualización.

Cuando sienta que el estrés se establece. Cuando la hormona del estrés se dispara en su cuerpo, causa estragos en la claridad y la intuición. Tómese un breve descanso cada vez que sienta que se está estresando y encuentre un lugar tranquilo para practicar la respiración profunda hasta que haya liberado el estrés de su cuerpo.

¡Póngase creativo!

Alterne las meditaciones y los ejercicios regularmente, y practique la observación de las estrellas y la luna cuando el clima lo permita. Haga ejercicio o dé paseos por la naturaleza en los momentos en que pueda exponer su cuerpo a los rayos anaranjados del sol. Incorporar súper alimentos para la salud de la glándula pineal y el chakra del tercer ojo es tan fácil como abastecerse y comerlos tan a menudo como se pueda. Los cristales, las piedras y los colores del chakra del tercer ojo para su joyería, vestuario y hogar no requieren nada más que la compra inicial, ¡y comprarlos es muy divertido!

Más importante aún, no se castigue si su horario no va como un mecanismo de reloj. Su chakra del tercer ojo no se inactivará de inmediato si se pierde algunos ejercicios y la meditación.

Lo bueno del chakra del tercer ojo es que a medida que usted comience a experimentar los beneficios, se sentirá más motivado y entusiasmado para hacer meditación y ejercicios para desarrollar esta parte de su vida. Nunca se sentirán como una tarea.

Póngase creativo, sea flexible, y disfrute de su transformación. Todo esto se unirá gradualmente a medida que explore y descubra lo que más le conviene.

Precauciones

Sería deshonesto no mencionar ciertas precauciones que hay que tener en cuenta al despertar el tercer ojo. Se está embarcando en un viaje a un reino misterioso y desconocido, y el viaje no está exento de peligros si entra con los ojos cerrados.

1. **Asegúrese de estar emocionalmente preparado.**

Despertar el chakra del tercer ojo es una tarea muy seria. Hablar de todas las cosas que experimentará cuando su tercer ojo se abra suena emocionante y excitante, y es comprensible que esté ansioso por saltar y experimentar todos los beneficios.

Sin embargo, experimentar realmente esos resultados puede asustar e incluso aterrorizar a muchas personas. Usted debe ser muy consciente de este hecho: *Una vez que la glándula pineal y el chakra interior del ojo se abren, su conciencia, literalmente, comenzará a expandirse, trascendiendo el reino de lo físico hacia un reino que usted nunca imaginó que existiese.* Tómese un tiempo para dejar que esto se asiente y hacer que la intención sea emocionalmente fuerte.

Además de los maravillosos regalos que usted recibirá, como la sabiduría interior, la paz interior y una mayor intuición, debe estar preparado para la posibilidad de que usted vea, oiga y sienta cosas que pueden perturbarle o confundirle. Es bueno estar mentalmente preparado para estas experiencias, aunque son raras.

2. **Separando la realidad de la ficción.**

Algunas personas afirman que algunas de las cosas que se ven en el reino espiritual podrían ser entidades demoníacas. Esto es absolutamente falso. Todo lo que experimenta en el reino no físico está relacionado únicamente con usted. Puede ver diferentes emociones y aspectos de sí mismo que se están liberando de su mente subconsciente. Siempre han existido, pero ahora, su conciencia elevada le permite verlas y experimentarlas.

El ojo interno es como un espejo que a veces refleja sus características y emociones internas negativas. A veces pueden tomar la forma de visiones o pensamientos aterradores, pero ciertamente no son demoníacos y pueden resolverse una vez que se revelan.

Por eso la apertura del chakra del tercer ojo puede ser tan transformadora. Le permite entrar en contacto con aspectos de su personalidad (normalmente no buenos) que han sido ignorados. Estos aspectos podrían estar influyendo en su vida, pero usted se ha negado a enfrentarlos. Por eso los has enterrado profundamente en el subconsciente.

Solo tiene que saber que abrir el tercer ojo no es la técnica de autoayuda común y corriente que lo convertirá en un mejor padre, en un superdotado o en un mejor amante. Es un asunto serio que viene con responsabilidad. Usted debe sentirse completamente listo y mentalmente preparado.

Los peligros de un chakra hiperactivo del tercer ojo

Un chakra del tercer ojo hiperactivo, aunque no es físicamente peligroso, puede causar agobio y angustia mental. Algunas de las manifestaciones incluyen:

- Pérdida de contacto con la realidad y fantasear en exceso.
- Obsesionarse con las visiones psíquicas.
- Volverse irracionalmente temeroso de las visiones psíquicas.
- Ansiedad.
- Agotamiento mental, donde usted es bombardeado con pensamientos del ojo interno y se vuelve incapaz de enfocar claramente o tomar decisiones.
- Sentimiento de estar abrumado.
- Insomnio.
- Problemas de visión y sinusitis.
- Juicio nublado.
- Dificultad para distinguir entre la realidad y lo que ve en su tercer ojo.
- Dolores de cabeza.
- Alucinaciones.

Equilibrando un chakra hiperactivo del tercer ojo

Estos son síntomas comunes que se producen cuando no logra conectarse correctamente a tierra o cuando el sistema de chakras no está alineado. La meditación del chakra de la columna vertebral y los ejercicios de atención regular deben abordar ambos problemas y restaurar el equilibrio del chakra del tercer ojo. Además, puede hacer lo siguiente:

- Si se siente abrumado por la intensidad o la frecuencia de las visiones psíquicas, medite en su tercer ojo; haga la intención de disminuirlas y pida a su tercer ojo que las disminuya.
- Medite en el chakra de la raíz para que se fije a tierra firmemente.
- Si es incapaz de articular los pensamientos que vienen de su tercer ojo o siente que están afectando su claridad, disminúyalos meditando en el chakra sacro.
- La meditación en el chakra del corazón también traerá más perspectiva y equilibrio a sus imágenes y mensajes mentales.
- Restaure el equilibrio de su chakra del tercer ojo eliminando el azúcar de su dieta durante unos días y comiendo muchas verduras frescas, frutas y alimentos integrales.
- Meditar con cristales en el tercer ojo también ayudará, ya que su alta vibración realmente ayuda a equilibrar en lugar de sobreestimular el tercer ojo.

Cómo equilibrar una glándula pineal hiperactiva

Una glándula pineal hiperactiva puede causar síntomas similares a los causados por el chakra del tercer ojo. Esto puede ser causado por una deficiencia debido a la subexposición a la luz o una excesiva producción de melatonina debido a la sobreexposición a la luz. No hace falta decir que también puede desequilibrar el chakra del tercer ojo. Esto es lo que puede hacer para restaurar el equilibrio de su glándula pineal:

- Acuéstese a la misma hora cada noche y a una hora moderada.

- Duerma en una habitación totalmente oscura. Incluso la luz que se filtra de una farola puede ser perjudicial para una glándula pineal hiperactiva, así que sea consciente de esto.
- Utilice incienso, sándalo y aceites esenciales de menta en un difusor o ponga una o dos gotas directamente en el chakra del tercer ojo. Estos aceites son conocidos por calmar la glándula pineal.
- Utilice gafas de color ámbar desde el final de la tarde hasta la noche.
- Practique la visualización de color del tercer ojo en los colores índigo y púrpura.

Lidiar con el escepticismo y el rechazo

Aunque no debería hacer publicidad de sus regalos, con el tiempo se harán notar. Si usted está tratando de ayudar a alguien mediante la lectura de su aura, de nuevo, tendrá que explicar un poco acerca de sus habilidades especiales.

Las reacciones a los poderes de su tercer ojo variarán. Algunas personas serán curiosas, pero abiertas a aprender más. Otros estarán fascinados y ansiosos por escuchar todos los detalles. Las personas que están en la espiritualidad, en particular, sentirán empatía y afinidad inmediata con usted.

Por desgracia, también puede que se enfrente al escepticismo, al ridículo y que se le vea como "uno de esos chiflados que se cree Harry Potter". A veces, puede que se encuentre con una hostilidad total. Esto suele provenir de personas religiosas que perciben tales actividades como demoníacas.

Algunas personas pueden evitarlo, haciendo que se sienta aislado y frustrado. Saber cómo manejar las reacciones negativas es crucial para mantenerse positivo y evitar la falta de confianza en sí mismo. A continuación, se sugieren algunos pasos:

- Hable a los demás con calma y de hecho sobre los dones que está desarrollando. Puede dar una breve historia de la glándula pineal y cómo se ha creído durante mucho tiempo que es la fuente del "conocimiento interno". Explique que simplemente está desarrollando ese conocimiento interno y que es una prueba viviente de que existe.

- No exagere sus experiencias ni las desproporcione.
- Limite el contacto con personas que sean completamente groseras y hostiles. Su energía negativa le hará dudar de sí mismo y limitará la percepción de su tercer ojo.
- Aunque esté rebosante de sabiduría y conocimiento interior, no lo exponga a los demás ni hable de ello. Simplemente muestre a la gente su lado humano normal y deje que vean que sus habilidades no le hacen menos humano o diferente.
- El exceso de dudas puede causar que su tercer ojo se cierre de nuevo. Crea en sí mismo y sepa que no está solo. Rodéese de personas positivas y alentadoras que crean en usted. Por eso es tan importante unirse a una comunidad en línea. Busque el apoyo que necesita de personas con ideas afines. Descubrirá que la mayoría de ellos han tenido experiencias similares y que no está solo.

No espere un cambio rápido

Desafortunadamente, no hay un marco de tiempo concreto, ni siquiera estimado, en el que se empiecen a ver los cambios. Algunas personas pueden empezar a experimentar algún tipo de dones psíquicos en semanas o meses, mientras que, para otras, puede tardar años. Algunas personas notarán un aumento de la percepción y la intuición con bastante rapidez, pero no tendrán ninguna experiencia psíquica hasta mucho más tarde. Para la mayoría de las personas, el proceso es gradual y lento. ¡Tener esto en mente le ahorrará mucha frustración!

Nunca precipite el proceso o piense que meditando diez veces al día abrirá su tercer ojo más rápido. Solo mantenga una rutina consistente de meditación y otras prácticas y confíe - debe confiar completamente en su tercer ojo.

Más importante aún, no lo presione, y no se haga ver cosas que no están ahí. Mucha gente tiende a interpretar todos los sueños y pensamientos como mensajes del tercer ojo cuando no lo son. ¡Deje que su intuición le guíe y no sus deseos!

Su tercer ojo nunca estará 100% abierto. Es una habilidad que usted continuará desarrollando a lo largo de su vida. Es similar al concepto de Nirvana en el budismo. Un budista se esfuerza por alcanzar el Nirvana y lo convierte en su objetivo de toda la vida, sabiendo que nunca lo alcanzará completamente. Sin embargo, dedica voluntariamente su vida a este noble viaje debido a la sabiduría y el enriquecimiento espiritual que le proporciona.

Esa es la mentalidad que debe adoptar. Agradezca cada pequeño paso adelante. Incluso pequeños destellos de percepción pueden cambiar su vida para siempre. Manténgase abierto a recibir, no espere demasiado y sepa que el cambio ocurrirá.

Conclusión

El potencial del chakra del tercer ojo y de la glándula pineal está más allá de la imaginación. Ser capaz de aprovechar, aunque sea un poco de ese potencial es algo que todo el mundo debería considerar. Todos somos aventureros. Todos somos curiosos por naturaleza. Anhelamos descubrir cosas nuevas, visitar nuevos lugares y sumergirnos en experiencias únicas. Nos decimos a nosotros mismos que estamos contentos con vivir una vida normal y ser como todos los demás, pero en el fondo, cada uno de nosotros anhela ser diferente.

Todos nuestros anhelos secretos pueden ser satisfechos simplemente descubriendo y explorando el insondable reino espiritual que existe con nosotros mismos. Es a través de nuestro ojo interno que podemos ser únicos y cambiar nuestras vidas, porque nos convertiremos en nuestro verdadero yo superior y comprenderemos nuestro propósito en la vida.

Concluyamos explorando sus propias conclusiones. ¿Cómo se siente con todo lo que ha aprendido de este libro? ¿Está de acuerdo en que abrir el chakra del tercer ojo puede transformar su vida?

Como primer paso en su viaje espiritual de descubrimiento, gracias por leer este libro, *Despertar del Tercer Ojo: Una guía esencial para abrir su chakra del tercer ojo y experimentar una mayor conciencia, visiones psíquicas y clarividencia junto con consejos para equilibrar los chakras y ver las auras.*

¡Si usted elige comenzar este viaje interior de toda la vida hacia la sabiduría, el conocimiento, y una indescriptible paz interior y alegría, felicitaciones, y la mejor de las suertes!

Referencias

Ciencia del Tercer Ojo - La psicología hoy en día

https://www.psychologytoday.com/us/blog/stuck/200908/third-eye-science

El Tercer Ojo

https://www.ukessays.com/essays/philosophy/the-third-eye-philosophy-essay.php

https://somuchyoga.com/what-are-chakras/

https://lonerwolf.com/how-to-open-your-third-eye/

https://yogainternational.com/article/view/what-are-the-7-chakras

https://www.chakras.info/what-is-chakra/

https://www.the-energy-healing-site.com/chakra-blockages.html

https://www.color-meanings.com/chakra-colors-the-7-chakras-and-their-meanings/

https://blog.sivanaspirit.com/sp-gn-imbalanced-chakras-remedies/

https://blog.mindvalley.com/symptoms-of-blocked-chakras/

https://naturalchakrahealing.com/elements.html

https://tantricacademy.com/history-of-the-chakras/

https://psy-minds.com/the-third-eye-2/

https://www.templepurohit.com/the-third-eye-of-lord-shiva-significance-symbolism/

https://www.mumblesandthings.com/blog/2017/4/17/how-to-tell-if-your-third-eye-chakra-is-blocked

https://www.chakras.info/third-eye-chakra/

https://www.gaia.com/article/pineal-third-eye-chakra

http://psychic-energy-healing.com/third-eye-opening/herbs-to-decalcify-the-pineal-gland-and-open-the-third-eye/

https://humanoriginproject.com/ways-to-heal-pineal-gland-calcification-open-the-third-eye/

https://www.tokenrock.com/explain-pineal-gland-73.html

https://www.endocrineweb.com/endocrinology/overview-pineal-gland

https://www.healthline.com/health/pineal-gland-function

https://www.chakras.info/opening-third-eye/

https://intuitivejourney.com/third-eye-opening-exercises/

https://intuitivesoulsblog.com/third-eye/

https://www.pinterest.com/moorevision/central-and-peripheral-vision/

https://innerouterpeace.com/third-eye-opening-symptoms/

https://www.headspace.com/meditation-101/what-is-meditation

https://www.meditationiseasy.com/meditation-techniques/trataka-the-meditation-technique-of-third-eye/

https://heartofsubstance.com/meditation-for-intuition/

https://www.jonathanparker.org/meditation/third-eye-meditation-open-intuition/

https://www.thedailymeditation.com/how-to-use-the-third-eye-meditation-technique

https://learnrelaxationtechniques.com/chakra-meditations-for-beginners/

https://www.the-guided-meditation-site.com/mindfulness-exercises.html

https://www.chakraboosters.com/best-third-eye-chakra-foods

https://www.naturmend.com/blog/2019/01/28/nourishing-your-third-eye-chakra/

https://www.allchakras.com/third-eye-chakra-affirmations/

https://psychicelements.com/blog/psychic-dreams/

https://www.beliefnet.com/wellness/2009/06/9-things-you-need-to-know-about-psychic-premonition.aspx

https://articles.spiritsciencecentral.com/third-eye-crystals/

http://www.chakrabalance.org/what-to-expect

https://psychiclibrary.com/aura-colors-and-meanings/

https://bodysoulmind.net/soul/your-aura

https://www.speakingtree.in/allslides/the-scientific-evidence-of-human-aura

https://www.7chakracolors.com/blog/see-aura-illustrated-exercises/

https://in5d.com/how-to-read-auras-what-is-the-meaning-of-each-color/

https://www.psychics4today.com/signs-of-clairvoyance/

https://www.psychics4today.com/how-to-develop-psychic-abilities/

https://uk.iacworld.org/how-to-exercise-your-psychic-abilities-the-iac-approach/

https://keleger.com/gods-mercy/the-third-eye-spiritual-gifts/